ADOLPHE MÉLIOT

PRINCIPES

DE

MUSIQUE

•

PARIS

DUBUISSON ET Cᵉ | LUCIEN MARPON
5, RUE COQ-HÉRON | 4-7, GALERIES DE L'ODÉON

MDCCCLXVI

PRINCIPES DE MUSIQUE.

CHAPITRE PREMIER

DES SONS.

TIMBRE, INTENSITÉ, INTONATION, DURÉE.

La musique est l'art d'émouvoir l'âme au moyen des sons, produits et combinés d'une manière agréable à l'oreille.

Le *son* est l'impression produite sur l'organe de l'ouïe par la *vibration* (1) des corps.

(1) On appelle *vibrations* les oscillations plus ou moins rapides au moyen desquelles un corps élastique, dont l'équilibre a été troublé par un choc ou par le frottement, reprend sa position première. Ce corps, ne pouvant reprendre sa position première subitement, n'y revient qu'après avoir exécuté un certain nombre de *mouvements vibratoires* ou de *va-et-vient* très-rapides. On appelle *amplitude* des vibrations la grandeur de ces oscillations. Les vibrations prennent d'abord la plus grande amplitude, et cette amplitude va toujours en diminuant, lorsque la cause de la vibration ne se renouvelle pas.

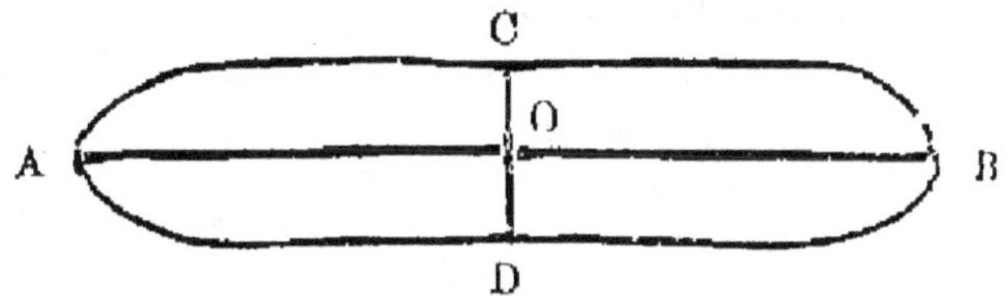

A O B est une corde tendue. Mise en vibration elle prendra successivement et très-rapidement les posi-

Un corps est mis en *vibration* par le *frottement* ou par la *percussion* : par le frottement, comme dans les instruments à cordes, tels que le violon (l'archet frottant sur la corde la met en vibration); par la percussion, comme dans les instruments à marteaux, tels que le piano (les marteaux, mis en mouvement par les touches du clavier, frappent sur les cordes et les font vibrer). Quant aux instruments à vent, tels que le cor, c'est l'air lui-même qui est le corps sonore dont les vibrations produisent les sons.

Les sons diffèrent : 1° par le *timbre*; 2° par l'*intensité*; 3° par l'*intonation*; 4° par la *durée*.

1° Le *timbre* est la qualité propre du son. Ainsi personne ne confondra le son produit par un cor avec le son produit par un violon ou un piano. C'est par le timbre que diffèrent les sons de ces instruments.

2° L'*intensité* est le degré de force des sons. Elle dépend : 1° de l'amplitude (1) des vibrations; 2° du voisinage d'autres corps sonores; 3° de la distance entre le corps mis en vibration et l'oreille des auditeurs.

1° Plus les vibrations sont amples, plus le son est fort. C'est pourquoi un violoniste, voulant renforcer un son, appuie son archet

tions A C B et A D B. L'amplitude de ces vibrations, mesurée par la ligne C O D, va toujours en diminuant jusqu'à ce que la corde ait repris la position AOB.

(1) Voyez la note page 3.

plus fort sur la corde, le tire et le pousse plus rapidement afin d'amplifier les vibrations; 2° le voisinage d'autres corps sonores augmente beaucoup l'intensité des sons. C'est pour cela que les cordes d'un violon sont tendues sur une caisse creuse; l'air qui y est contenu vibre en même temps que les cordes et augmente l'intensité du son; 3° on comprend facilement que l'intensité du son soit plus grande lorsque l'instrument est plus rapproché de l'oreille des auditeurs, et moindre lorsqu'il en est plus éloigné.

3° *L'intonation* est le degré d'élévation ou d'abaissement des sons.

En effet, en comparant les sons les uns avec les autres, on les trouve *bas* ou *élevés* les uns par rapport aux autres : on nomme *graves* les sons les plus bas et *aigus* les sons les plus élevés. Ainsi une voix d'homme est plus grave qu'une voix de femme, une flûte a des sons plus élevés qu'un violoncelle.

Le nombre des sons est immense et l'on conçoit que si l'on avait voulu donner à chacun d'eux un nom différent, la mémoire n'aurait pu parvenir à les retenir tous. Mais comme on a remarqué qu'au-delà d'un certain nombre de sons, rangés dans un certain ordre, montant ou descendant, on retrouvait une pareille succession de sons, ne différant de la première que comme une voix grave diffère d'une voix aiguë et vice versa, on en a conclu que ces sons n'étaient que la répétition des premiers. L'ensemble de chacune de ces séries fut appelé *Octave* parce qu'il contient huit sons, en comptant la répétition du premier pour clore la série.

Les premiers noms que l'on donna aux sons furent ceux des sept premières lettres de l'alphabet : A B C D E F G.

La seconde série fut désignée par ces mêmes lettres *a b c d*, etc. La troisième par des doubles minuscules *aa bb cc*, etc. On se bornait alors à trois *octaves*.

Ce ne fut que vers le commencement du onzième siècle que les noms dont on se sert maintenant en France et dans plusieurs autres pays furent appliqués aux sons. Guido d'Arezzo, moine italien, se servait, pour trouver plus facilement l'intonation de chaque son, de l'hymne à saint Jean suivante :

Ut queant laxis,   *Resonare* fibris
Mira gestorum,   *Famuli* tuorum
Solve polluti   *Labii* reatum,
Sancte Johannes.

Le chant de cet hymne s'élevant d'un degré sur chacune des syllabes *ut, ré, mi, fa, sol, la*, rappelait à la mémoire l'intonation successive de six sons à partir du *C* : *C D E F G A*. Comme ces syllabes (sauf *ut*) sont harmonieuses, distinctes les unes des autres et favorables à l'émission de la voix, on prit l'habitude de désigner par elles les six sons appelés *C D E F G A*, dénominations qu'elles finirent par remplacer.

Aux six noms déjà donnés on ajouta celui de *si*, pour achever la dénomination des sept sons de la gamme.

Enfin, vers le milieu du XVIIe siècle, *Doni*, savant musicien florentin, trouvant la syllabe *ut* défavorable, la remplaça par la première de son nom *Do*. On se sert des deux, mais pour la solmisation (1) on n'emploie que *do*.

Les Allemands et les Anglais ont conservé les lettres.

La série des sons : *ut* ou *do*, *ré*, *mi*, *fa*, *sol*, *la*, *si*, s'appelle *gamme* (2).

La gamme ainsi déterminée, on s'aperçut que plusieurs des intervalles qui séparaient un son du suivant étaient assez grands pour que la voix pût facilement émettre un son intermédiaire. Ainsi, entre *ut* et *ré*, *ré* et *mi*, *fa* et *sol*, *sol* et *la*, *la* et *si*, il est aisé de placer

(1) Action de *solfier*, c'est-à-dire, chanter en prononçant les syllabes affectées à la dénomination des notes : *do*, *ré*, *mi*, etc.

(2) Étymologie du mot *gamme*. Lorsque les trois octaves en usage furent devenues insuffisantes, on y ajouta d'abord plusieurs sons aigus et un son grave. Ce son grave, placé immédiatement au-dessous du son *A* devait s'appeler *g* mais, pour le distinguer des sons *G*, *g*, *gg* on lui donna le nom et la forme de la lettre grecque γ gamma. Ce premier son donna son nom à la série entière qui fut appelée gamme.

un nouveau son. Mais, pour éviter la confu
sion qui serait résultée d'un trop grand
nombre de noms, on convint de donner à
chacun de ces nouveaux sons le nom des
sons voisins, emprunté tantôt au son supérieur et tantôt au son inférieur, en ajoutant,
dans le premier cas, le mot *bémol*, et dans le
second, le mot *dièse* (1).

Ainsi, entre *ut* et *ré* on plaça un son qu'on
appelle tantôt *ut dièse* et tantôt *ré bémol;*
entre *ré* et *mi* on plaça aussi un son appelé
tantôt *ré dièse* et tantôt *mi bémol*. On fit de
même pour tous les grands intervalles dési-
gnés plus haut (2).

(1) Étymologie des mots *bémol* et *dièse*. Au moyen
âge lorsque l'échelle musicale était divisée en hexa-
cordes (six cordes *ut, ré, mi, fa, sol, la,*) le septième
son, auquel on n'avait pas encore donné le nom de *si*,
s'appelait *B* et était tantôt naturel et tantôt un demi-ton plus bas : dans le premier cas on l'appelait *B
carré* dans le second *B mol* d'où nous avons fait le
mot *bémol* qui est avec tous les sons de notre gamme
dans le même rapport que le *B mol* était avec le *B
carré*, c'est-à-dire, un demi-ton plus bas. Dièse vient
de *diesis* qui était un intervalle de la musique des
Grecs de la valeur tantôt d'un quart de ton, tantôt
d'un tiers de ton et tantôt d'un demi-ton.

(2) Ces deux sons *ut dièse* et *ré bémol* ou *ré* dièse et
mi bémol, de même que tout dièse et tout bémol situés entre deux mêmes sons, ne sont pas semblables.
Le dièse est plus élevé que le bémol. Il y a donc
entre eux un intervalle très-petit, presque inappréciable
à l'oreille. Cet intervalle est appelé *comma*. En pratique le comma est détruit en élevant un peu le bémol

De cette façon dièse est devenu synonyme de *plus haut* et bémol de *plus bas*. Mais on comprend facilement qu'en réalité on ne peut monter ni baisser un son, et qu'on en fait un autre.

Tous les intervalles de la gamme ne purent être divisés, deux étant trop petits : celui qui sépare *mi* de *fa* et celui qui sépare *si* de l'*ut* au-dessus. On appelle *tons* les grands intervalles ainsi divisés, *ut* à *ré*, *ré* à *mi*, etc., et *demi-tons* les petits intervalles non divisés, *mi* à *fa*, *si* à *ut*, ainsi que les intervalles créés par les divisions, *ut* à *ut dièse*, *ré bémol* à *ré*.

La gamme construite avec les sept sons *ut*, *ré*, *mi*, *fa*, *sol*, *la*, *si* s'appelle gamme *diatonique* (1), parce qu'elle procède par intervalles d'un ton (sauf deux exceptions, comme nous l'avons vu).

Lorsque entre ces sons on place les sons

et en baissant d'autant le dièse, de manière à ne former qu'un seul son servant à la fois de dièse et de bémol. Cette opération s'appelle *tempérament*. Les accordeurs de pianos et d'orgues sont obligés de faire l'opération du tempérament ; car dans ces instruments comme dans tous ceux à sons fixes, un seul son représente le dièse et le bémol. Les instruments sur lesquels l'exécutant crée les sons lui-même, comme le violon, le violoncelle, etc, permettent de faire sentir le comma ; aussi les violonistes, les violoncellistes, etc, font-ils le bémol un peu plus bas que le dièse.

(1) Diatonique du grec διὰ τόνος par ton, d'un ton à un autre.

intermédiaires, on obtient une gamme qui procède par demi-tons et qu'on appelle gamme *chromatique* (1).

Il y a deux espèces de demi-tons, comme on a pu le remarquer : l'un qui sépare deux sons voisins de noms différents, comme *ut* et *ré bémol; ut dièse* et *ré; mi* et *fa;* on l'appelle *demi-ton diatonique;* l'autre, qui sépare deux sons dont l'un est naturel et l'autre diésé ou bémolisé, comme *ré* et *ré dièse, ré bémol* et *ré;* on l'appelle *demi-ton chromatique.*

Une fois tous ces sons ainsi déterminés les uns par rapport aux autres, il fallait encore les fixer d'une manière absolue, sans quoi chacun eût pris un son au hasard, l'aurait appelé *ut* et aurait construit la gamme d'après cet *ut.* Pour éviter cette confusion, on convint d'adopter un *son type* devant servir de base pour trouver tous les autres. Autrefois l'*ut* était ce son, aujourd'hui le *la* a prévalu, excepté en Italie où l'on a con-

(1) De *chrôma,* couleur.

« Le nom *chromatique* vient soit de ce que les Grecs marquaient ce genre par des caractères rouges ou diversement colorés, soit de ce que ce genre était moyen entre les deux autres [le DIATONIQUE et 'ENHARMONIQUE] comme la couleur est moyenne entre le blanc et le noir, soit parce qu'il varie et embellit le genre diatonique comme la variété des couleurs embellit un tableau. » E. LITTRÉ (*Dictionnaire de la langue française*), d'après J.-J. ROUSSEAU, (*Dictionnaire de musique*).

servé l'*ut*. On se sert du *la* du *médium* (1) à 870 vibrations en une seconde, et toutes les voix, tous les instruments s'*accordent* d'après ce *la*.

Afin de retrouver ce *la* à volonté, on a construit un petit instrument appelé *diapason* (2) qui donne ce seul son invariable. Il consiste en une verge d'acier recourbée en forme de pincettes et adaptée à un petit pied. Ses deux branches ont la longueur voulue, selon la grandeur de l'instrument, pour donner le *la* lorsqu'on les met en vibration en les frottant ou en les frappant. En Italie, les diapasons donnent l'*ut*.

4° La *durée* d'un son est aussi importante

(1) Lieu de l'échelle musicale ou d'une voix, ou d'un instrument également éloigné de ses extrémités.

(2) Ce n'est que depuis 1859 (arrêté du ministre d'État du 16 février) qu'un diapason uniforme a été prescrit à tous les établissements musicaux de France. Auparavant chaque théâtre, chaque école, chaque société musicale avait un diapason différent, et ces diapasons s'étaient élevés peu à peu, à l'avantage des instruments de cuivre, mais au grand désavantage des chanteurs, dont la voix se fatiguait et se brisait par suite d'une trop grande élévation. Le *diapason normal* a réformé cet abus et a mis tous les musiciens de France d'accord, ce qui n'est pas un mince avantage.

Le diapason avait varié précédemment à diverses époques et dans différents établissements musicaux, entre 808 et 911 vibrations. Celui de l'Opéra en 1858 était arrivé à 896 vibrations. Il y a un siècle, le diapason était à Paris de plus d'un ton plus bas qu'aujourd'hui.

et doit être fixée avec autant de précision que l'intonation du son.

La mesure est la division du temps d'après un ordre régulier et périodique. De même que l'ensemble des sons est divisé en périodes égales de sept sons, de même, en musique, le temps est divisé en périodes égales appelées *mesures*, chacune comprenant un même nombre de fractions égales appelées *temps* (1).

Ainsi un morceau de musique est dit *à deux*, *à trois* ou *à quatre temps* selon que sa durée est divisée par *mesures* comprenant chacune *deux*, *trois* ou *quatre temps*.

(1) On voit ici un exemple de la pauvreté de la langue musicale qui manque des termes nécessaires. Ainsi le mot *mesure* qui vient d'être expliqué dans deux sens différents, (1° la *mesure* est la division du temps d'après un ordre régulier et périodique; 2° le temps divisé en périodes égales appelées *mesures*) en a encore un troisième, car il signifie aussi le *don* ou l'instinct que possède un musicien pour comprendre et faire cette division avec facilité et précision Ainsi on dit : « il a de la mesure, » de quelqu'un qui a cet instinct.

De même pour le mot *temps*. On est obligé de définir la *mesure* : *la division du* TEMPS *en parties égales.* Or ces *parties égales* elles-mêmes qui divisent les mesures sont appelées *temps*. La confusion est souvent difficile à éviter.

CHAPITRE II

NOTATION.

Le système employé aujourd'hui pour écrire la musique s'appelle *notation*.

Les signes de la notation ayant à exprimer à la fois l'intonation et la durée des sons, sont de deux espèces : 1° les signes d'intonation ; 2° les signes de durée.

1° *Signes d'intonation.* — Les signes qui servent à représenter les sons s'appellent *notes* (1) (d'où l'on a fait *notation*). On écrit les notes sur des lignes horizontales rapprochées les unes des autres ainsi :

Les notes se placent sur et entre ces lignes, au-dessus et au-dessous; les plus aiguës occupant les lignes les plus hautes, et les plus graves occupant les lignes les plus basses. Exemple :

(1) On se sert souvent maintenant du mot *note* pour exprimer l'idée de *son*. Ainsi on dit d'un chanteur : « Il a de belles notes dans la voix, il a fait une fausse note, » pour : « Il a de beaux sons dans la voix, il a fait un faux son. »

Gamme ascendante.   Gamme descendante.

Pour donner à chaque note une place invariable il aurait fallu une trentaine de ces lignes, mais alors on n'aurait pu les compter à première vue, il y aurait eu confusion, car on n'aurait pas pu savoir immédiatement, en regardant une note, si elle occupait la 7ᵉ, la 8ᵒ ou la 9ᵉ ligne. On a fixé, pour éviter cet inconvénient, à *cinq* le nombre des lignes, on les a comptées en commençant par la plus basse, et l'on a appelé ce groupe de cinq lignes *portée*. Exemple :

5ᵉ ligne.
4ᵉ
3ᵉ
2ᵉ
1ʳᵉ

Afin de rendre ces cinq lignes suffisantes pour écrire toutes les notes, on place au commencement de chaque portée un signe qui sert à indiquer le degré de hauteur d'une note et la ligne que cette note occupe. Cette note étant prise pour base, on trouve facilement les autres. Ces signes s'appellent *clefs*.

Il y a trois espèces de clefs. La clef donne un nom à une note et indique la position de cette note sur la portée, et sa hauteur dans l'échelle des sons

Clef de *sol* 𝄞 assigne une position à *sol*

Clef de *fa* 𝄢   —   —   — au *fa*

Clef d'*ut* 𝄡   —   —   — à l'*ut*.

La *clef de sol* se place ordinairement sur la *deuxième* ligne (1) :

La *clef de fa* se place sur la *quatrième* ligne :

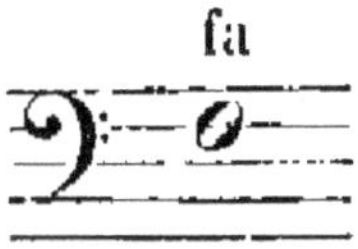

ou sur la troisième ligne :

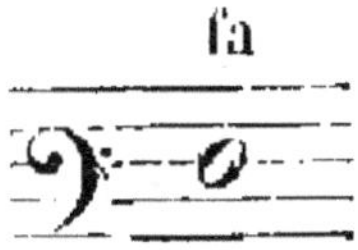

et *la clef d'ut* se place sur *chacune des quatre premières lignes* :

Clef d'*ut* première ligne :

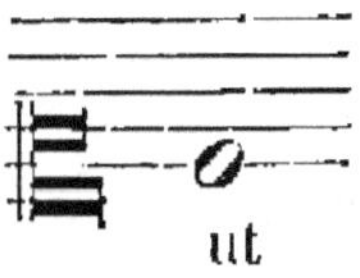

Clef d'*ut* deuxième ligne :

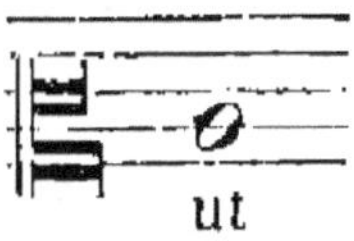

____

(1) Elle se plaçait aussi sur la première ligne, mais cette position est abandonnée maintenant.

Clef d'*ut* troisième ligne :

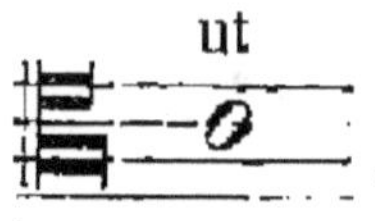

Clef d'*ut* quatrième ligne :

Quant à l'octave dont les notes de chaque clef font partie, le tableau page 18 l'indiquera. La clef de *fa* est la plus grave et la clef de *sol* la plus aiguë. Lorsque nous nous occuperons des voix et des instruments, nous indiquerons quelle est la clef employée pour la musique des unes et des autres.

Les notes qu'indiquent les clefs étant fixées, les autres se placent ainsi : pour la clef de *sol*, le *la* immédiatement supérieur se place *entre la deuxième et la troisième ligne*, le *si sur la troisième ligne*, comme le *sol* sur la deuxième, l'*ut entre la troisième et la quatrième ligne*, comme le *la* entre la deuxième et la troisième, et ainsi de suite en montant et en descendant. De même pour les autres clefs. Exemple :

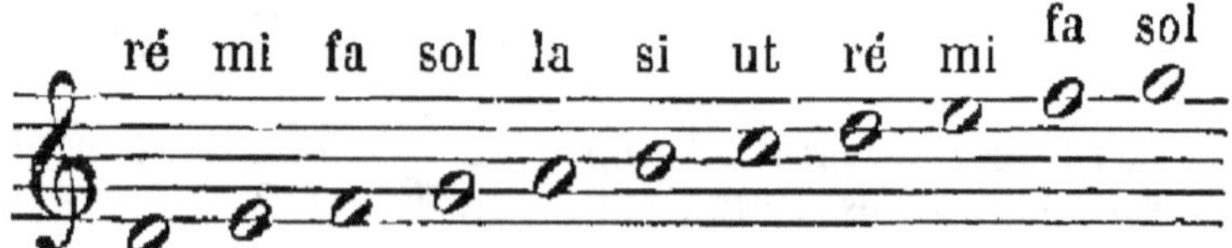

si la sol fa mi ré ut si la sol fa
ré ut si la sol fa mi ré ut si la
si ut ré mi fa sol la si ut ré mi
ut si la sol fa mi ré ut si la sol
mi fa sol la si ut ré mi fa sol la
fa mi ré ut si la sol fa mi ré ut

Le tableau suivant fera comprendre la position que les différentes clefs assignent aux notes en réduisant le nombre des lignes :

*Gamme de trois octaves écrite sur la portée
au moyen du changement de clefs.*

Pour écrire sans changer de clef les notes
plus aiguës ou plus graves que celles que
contient la portée, on se sert de lignes *supplémentaires* ou *accidentelles* ou *additionnelles*,
tracées pour chaque note au-dessus et au-
dessous de la portée. Exemple :

, etc.

Pour éviter le trop grand nombre de lignes
supplémentaires qui amèneraient de la confusion, on écrit aussi les notes aiguës une
octave au-dessous de leur vraie position, et

l'on place au-dessus ces mots : *octava alta*, abrégés ainsi : 8va *alta*, souvent même ainsi : 8va, que l'on fait suivre d'une ligne tremblée prolongée jusqu'à la fin du passage. Le mot *loco* placé à la fin de la ligne tremblée indique que les notes reprennent leur position ordinaire. Pour les notes graves, le mot *bassa* remplace le mot *alta*. Exemple :

Les dièses et les bémols s'indiquent au moyen des signes suivants placés devant la note: dièse ♯, bémol ♭. Le double-dièse (qui hausse la note de deux demi-tons) s'indique

ainsi ✕ ou ainsi ⧉ et le double-bémol (qui
baisse la note de deux demi-tons) ainsi : ♭♭.
Ces signes sont appelés *altérations*, (*altérer,
changer*); les notes précédées d'une altération
sont *altérées*.

Lorsque, après avoir *altéré* une note, on veut
la ramener à son état naturel, on se sert d'un
signe appelé *bécarre* (1) qu'on place devant la
note comme les dièses et les bémols dont il
détruit l'effet: il ramène la note à son état naturel.   Exemple :

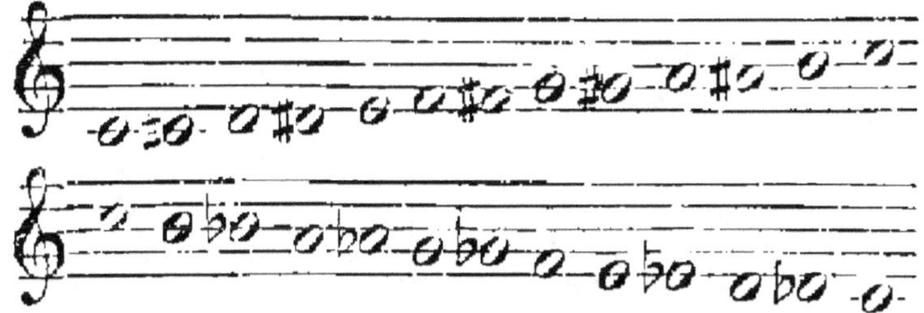

Gamme cromatique :

On voit qu'il y a deux manières de noter la

(1) De *B carré* qui signifiait *si naturel* par opposition à *B mol* qui signifiait *si bémol*. Voyez la note
page 8.

gamme chromatique : par des dièses et par
des bémols. On se sert généralement des
dièses pour la gamme ascendante et des bémols pour la gamme descendante, comme
dans l'exemple ci-dessus, parceque le dièse
tend à monter et le bémol à descendre. Voyez
page 8 note 2.

2° *Signes de durée.* — La durée des notes est
représentée au moyen des signes suivants :

La ronde :

La blanche :

La noire :

La croche :

La double-croche :

La triple-croche :

La quadruple-croche :

La ronde est la plus longue de durée, la quadruple-croche la plus brève. La blanche est
moitié moins longue que la ronde, la noire

moitié moins longue que la blanche, la croche moitié moins longue que la noire et ainsi de suite. La ronde vaut donc deux blanches, la blanche deux noires, la noire deux croches, etc.

Tableau de la valeur des Notes.

La *ronde*   vaut :   2 blanches ou 4 noires,
                        ou 8 croches ou 16 doubles-croch.
                        ou 32 triples-cr. ou 64 quadr.-cr.
La *blanche*   vaut :   2 noires ou 4 croches,
                        ou 8 doubles-cr. ou 16 triples-cr.
                        ou 32 quadruples-croches.
La *noire*   vaut ·   2 croches ou 4 doubles-croches,
                        ou 8 triples-cr. ou 16 quadrup.-cr.
La *croche*   vaut :   2 doubles-cr. ou 4 triples-croch.
                        ou 8 quadruples-croches.
La *double-croche* -- :   2 triples-cr. ou 4 quadruples-cr.
La *triple-croche* -- ·   2 quadruples-croches.

On emploie en outre quelquefois *la carrée* ▭ valeur double de la ronde. Elle est empruntée à l'ancienne notation musicale et s'appelait *brève* dans l'ancien système.

Les mesures sont séparées les unes des autres par une ligne verticale qui traverse la portée et qu'on appelle barre de mesure :

Lorsque plusieurs croches, doubles-croches, *etc*, se suivent, on remplace les petits

crochets  par des barres trans-
versales.

Exemple :

Lorsque les croches, doubles-croches *etc,*
sont entremêlées, on interrompt les barres
ainsi :

etc.

Pour le chant, on n'emploie les barres que
lorsque plusieurs notes se suivent sur une
seule syllabe. Les petits crochets sont toujours employés pour les notes monosyllabi-
ques. Exemple :

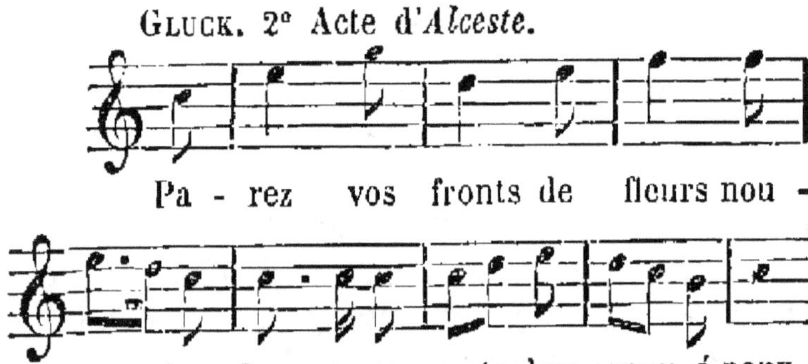

Souvent les sons ne se suivent pas immédiatement. La durée des interruptions qui les
séparent est représentée par des signes de
valeurs équivalentes à celles des différentes
notes, et qu'on appele *silences.*

Voici leurs noms et leurs valeurs :

La *pause* :　　　　　　équivaut à la ronde :

La *demi-pause* .　　　　— à la blanche :

Le *soupir* :　　　　　　— à la noire :

Le *demi-soupir* :　　　　— à la croche :

Le *quart-de-soupir* :　　— à la doub.-cr. :

Le *huitième* ou
demi-quart-de-soupir :　— à la trip.-cr. :

Le *seizième de soupir* :　— à la quadr.-cr. :

Nota. — On voit qu'il y a autant de têtes
aux soupirs que de crochets aux croches
à valeur égale :

La pause s'emploie aussi pour indiquer un silence qui dure une mesure entière quelconque.

Les silences de plusieurs mesures peuvent s'indiquer par des *bâtons* de mesures. Ex.

Bâton de deux mesures :　　　Bâton de quatre mesures :

Un chiffre placé au-dessus désigne ordinairement, pour plus de clarté, le nombre de mesures que dure le silence.

On remplace souvent les *bâtons* par des mesures numérotées. Exemple :

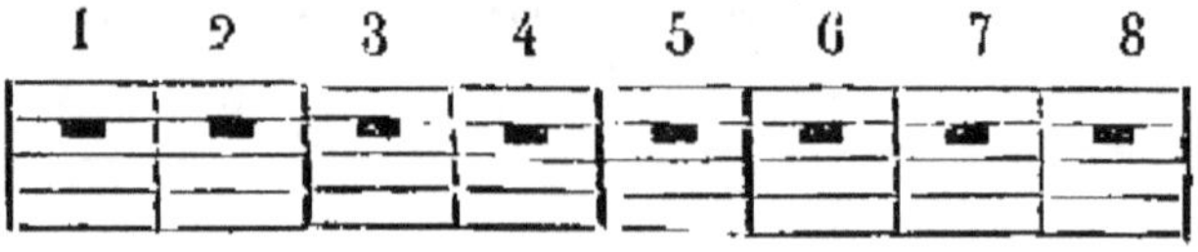

On appelle *triolet* un groupe de *trois notes égales* équivalant à *deux notes* ordinaires de même figure. Exemple : 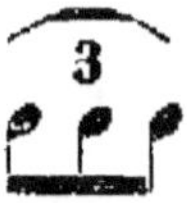 équivaut à 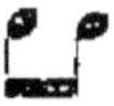 ou à . Une ou deux de ces trois notes peuvent être remplacées par un silence équivalent. Exemple : 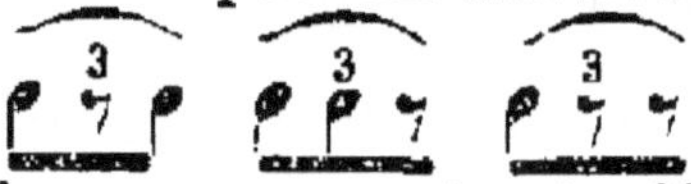

Il y a aussi des groupes de *double-triolet* composés de six notes et équivalant à quatre notes ordinaires: 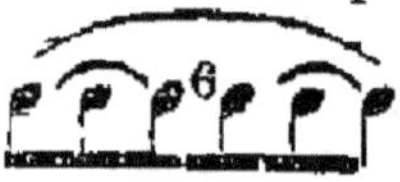 équiv. à 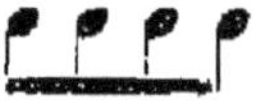 ou à 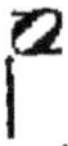.

D'autres groupes de six notes, appelés *sixains* diffèrent des *doubles-triolets* en ce que les six notes qui les composent se subdivisent en trois groupes de deux notes chacun, tandis que les doubles-triolets se divisent en deux groupes de trois notes. Exemple : double-triolet 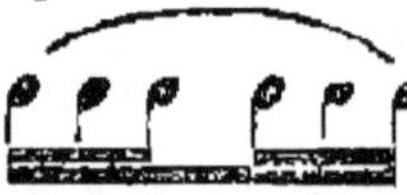 sixain: 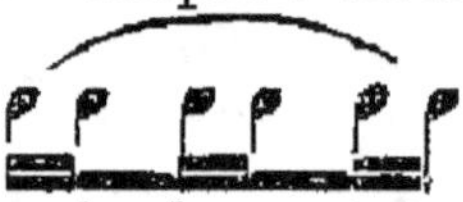

Ce double-triolet est la réunion de deux triolets juxta-posés, tandis que le sixain est un triolet subdivisé. Exemple :

Il y aussi des groupes divisés en un nombre arbitraire de notes, ils sont indiqués ainsi :

Un *point* placé après une note ou après un silence l'augmente de la moitié de sa valeur. Ainsi une *blanche pointée* équivaut à une blanche plus une noire, ou à trois noires.

$\boxed{}$; une noire pointée à trois croches et ainsi de suite. De même un soupir pointé équivaut à trois demi-soupirs : un demi-soupir pointé à trois quarts-de-soupir *etc.*

On peut placer deux et même trois points successifs, chaque point augmente la note de la moitié de la valeur (note, soupir ou point), qui précède ce point. Ainsi une blanche suivie de deux points équivaut à une blanche, plus une noire, plus une croche :

♩··· vaut ♪♪♪♪. De même un soupir suivi

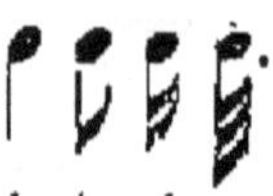

de deux points équivaut à un soupir, plus un demi-soupir, plus un quart-de-soupir :

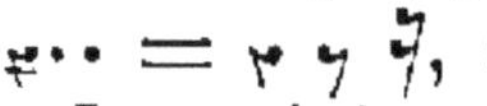

𝄽·· = 𝄾 𝄿 𝅀, *etc.*

Les points après les soupirs sont plus rarement employés. On forme encore de nouvelles combinaisons de durée au moyen de la *liaison* ⌢. Ce signe placé d'une note à une autre réunit la valeur de toutes les deux pour n'en former qu'une : ♩♩ ♩♩ ♩♩ On peut par

des liaisons consécutives réunir plusieurs notes, cela s'appelle une *tenue* :

♩♩♩♩♩♩.

Enfin il y a un autre signe de durée dont la valeur n'est pas déterminée et est laissée à la fantaisie de l'éxécutant : c'est le *point d'orgue, point d'arrêt* ou *point de |repos.* Le *point d'orgue,* 𝄐 placé sur une note laisse souvent l'exécutant libre de faire sur cette note un trait de sa composition appelé *cadence* et qui termine le morceau. Le *point d'arrêt* (même signe) se place sur un silence sur lequel on doit rester quelque temps ; le *point de repos* ou de suspension est comme le point d'arrêt, mais n'indique qu'une suspension momentanée au milieu d'un morceau. Du reste ces diférentes espèces de points se confondent souven.

Voici maintenant les principales *abrévia-tions* employées dans la notation.

Abréviations.

Les deux points : placés avant la barre finale d'un morceau ou d'une partie de morceau signifient qu'il faut jouer deux fois la
partie du côté de laquelle sont placés les deux
points. Le *renvoi* 𝄋 indique qu'il faut retourner à un signe semblable. Les mots: *al
segno...* (au signe...) l'accompagnent sou-

vent. Lorsque c'est du commencement qu'il faut reprendre, ce sont les mots : *Da Capo* qui l'indiquent. Quelquefois la terminaison de la partie qu'il faut jouer deux fois n'est pas la même la seconde fois que la première. Dans ce cas on écrit les deux terminaisons l'une après l'autre, chacune entre parenthèses, en plaçant au-dessus : *première fois, seconde fois.*

CHAPITRE III

INTERVALLES — GAMMES — TONS — MODES

1° *Intervalles*. — L'intervalle qui sépare une note d'une autre se mesure et se nomme d'après le nombre des notes comprises dans cet intervalle, en comptant les deux extrêmes. Ainsi on appelle *seconde*, l'intervalle qui sépare *ut* de *ré* parce que cet intervalle comprend deux notes *ut* et *ré; tierce*, l'intervalle d'*ut* à *mi* qui comprend *trois* notes *ut*, *ré* et *mi*, et ainsi de suite.

On appelle intervalles *harmoniques* les intervalles dont les deux notes se font entendre ensemble, (fig. B) et intervalles *mélodiques* ceux dont les deux notes se font entendre consécutivement (fig. A).

Les intervalles *conjoints* sont les intervalles de seconde, c'est-à-dire, dont les notes se touchent). Les autres intervalles sont appelés *disjoints* (leurs notes sont séparées).

Tableau des intervalles.

Seconde :

A   B

Tierce :

Quarte :

Quinte :

Sixte :

Septième :

Octave :

Deux notes de même nom, à la même octave, n'ayant, par conséquent aucun intervalle entre elles, forment un *unisson* (un son).

Unisson :

Tous les intervalles que l'on vient de voir sont plus petits que l'octave; on les appelle *simples;* les intervalles plus grands que l'octave s'appellent intervalles *composés:*

Neuvième

Dixième :

Onzième :

et ainsi de suite.

En effet ces derniers intervalles sont *composés* de l'octave et d'un intervalle simple.

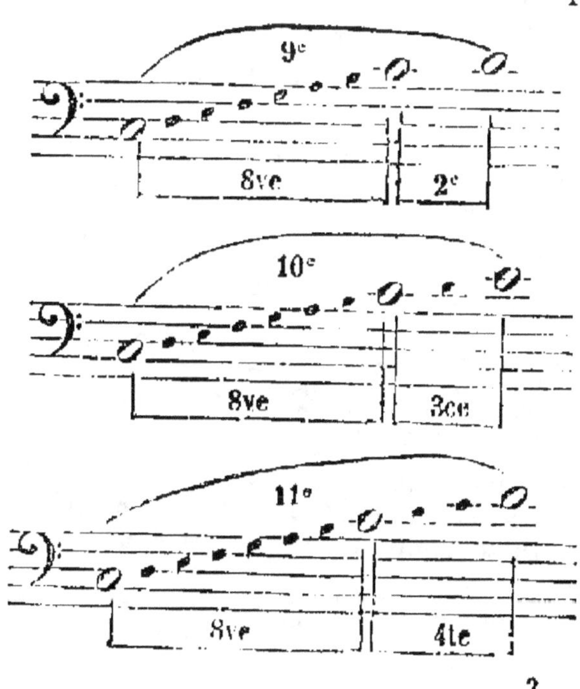

Il faut remarquer qu'un intervalle peut être compté de deux manières : en partant de la note la plus grave ou bien de la note la plus aiguë. Dans le premier cas l'intervalle est appelé *supérieur*, dans le second, *inférieur*. Ainsi la tierce supérieure de *mi*, c'est *sol* ; sa tierce inférieure, c'est *ut*. Exemple :

Tous les intervalles cités plus haut sont donc des intervalles *supérieurs* d'*ut*. Les intervalles *inférieurs* ne sont employés que rarement.

Les intervalles sont divisés en intervalles *consonnants* et intervalles *dissonants* (1).

Les intervalles consonnants sont la *tierce* la *quarte,* (2) la *quinte,* la *sixte* et l'*octave :*

(1) « Pourquoi l'Académie écrit-elle *consonnance* avec deux *n*, et *dissonance* avec une seule *n* ? » (E. Littré. Dictionnaire de la langue française, article *Consonnance*.)

(2) La quarte n'est pas toujours une consonnance : d'après Catel, elle est consonnance à trois parties et dissonance à deux parties.

On les appelle ainsi parce que les deux notes qui les composent résonnent ensemble (*consonnant, con sonare, sonner avec*) d'une manière agréable à l'oreille. De ces intervalles la *quarte*, la *quinte* et l'*octave* sont appelées *consonnances parfaites*, parce qu'elles ne peuvent être altérées sans cesser d'être des consonnances. La tierce et la sixte sont des *consonnances imparfaites*, parce qu'elles peuvent être altérées.

Les intervalles dissonants (*dis sonare*, sonner d'une manière dissemblable) sont : la *seconde* et la *septième*.

Comme les notes subissent des modifications en conservant leur même nom (au moyen des altérations), il en résulte que les intervalles subissent aussi des modifications sans changer de nom. Ainsi on a déjà pu remarquer qu'à cause de la construction de la gamme, il y avait des *secondes* d'un ton (*ut ré* ou *ré mi* par exemple) et des *secondes* d'un demi-ton (*mi fa* ou *si ut*). Tous les autres intervalles sont aussi de plusieurs sortes : *justes, majeurs* ou *mineurs, augmentés* ou *diminués*. Nous venons de désigner les intervalles *parfaits* ou justes qui sont la quarte, la quinte et l'octave ; nous parlerons des intervalles majeurs et mineurs, augmentés et diminués, après avoir expliqué les différents *tons*, dont la connaissance est nécessaire pour comprendre ces sortes d'intervalles.

Renversement des intervalles. — *Renverser* un intervalle c'est porter la note la plus grave à l'octave au-dessus ou la note la plus aiguë à l'octave au-dessous. Par le *renversement* l'unisson devient octave, la seconde devient septième, la tierce devient sixte, la quarte devient quinte, la quinte devient quarte, la sixte devient tierce, la septième devient seconde et l'octave devient unisson :

Plus un intervalle est petit et plus son renversement est grand et *vice versa*. La somme d'un intervalle et de son renversement forme toujours l'octave.

On appelle *complément* ce qui manque à un intervalle pour arriver à l'octave. Par exemple, la seconde *ut ré* et la septième *ré ut* sont compléments l'une de l'autre, de même que la quarte *ut fa* et la quinte *fa ut*, de même que la sixte *ut la* et la tierce *la ut* (voyez l'exemple précédent.)

2° *Gammes. — Tons.* — Nous avons vu (chapitre premier) que l'ensemble des sons *ut, ré, mi, fa, sol, la, si, ut*, émis successivement et dans leur ordre naturel ascendant ou descendant, formait une *gamme diatonique*. La gamme diatonique peut commencer par toute autre note qu'*ut*. Mais pour que l'ordre des intervalles qui séparent chaque note de la suivante reste le même, on est obligé de se servir des *altérations*, afin que les *tons* et *demi-tons* se succèdent toujours ainsi : *deux tons, un demi-ton, trois tons, un demi-ton*. Ainsi, pour construire une gamme commençant par *sol*, par exemple, il faut faire le changement suivant : *sol* à *la*, *la* à *si*, deux tons ; *si* à *ut* un demi-ton; *ut* à *ré*, *ré* à *mi* deux tons; mais, au lieu du troisième ton nécessaire, il n'y a de *mi* à *fa* qu'un demi-ton; il faut donc diéser le *fa* pour former ce troisième ton, ce qui change en même temps le ton de *fa* à *sol* en un demi-ton *fa dièse* à *sol*, ainsi qu'il le fallait.

On construit d'après le même système autant de gammes qu'il y a de notes, y compris les dièses et les bémols, et on donne à chacune d'elles le nom de sa première note : *gamme d'ut, gamme de sol, gamme de si bémol, gamme de fa dièse,* etc. Cette première note est appelée la *tonique.* L'ensemble des sons qui forment chaque gamme s'appelle *ton* : ton d'*ut*, ton de *sol*, ton de *si bémol*, ton de *fa dièse*, etc.

On range les gammes d'après le nombre progressif des altérations nécessaires à leur construction. Ainsi après la gamme d'*ut* qui n'a point d'altérations, dans l'ordre des dièses, vient la gamme de *sol*, qui a un dièse *(fa)*, puis celle de *ré*, qui en a deux *(fa, ut,)* etc. Pour se rappeler cet ordre il suffit de remarquer que les tons avec dièses se suivent régulièrement de quinte en quinte en montant, ou de quarte en quarte en descendant. Exemple:

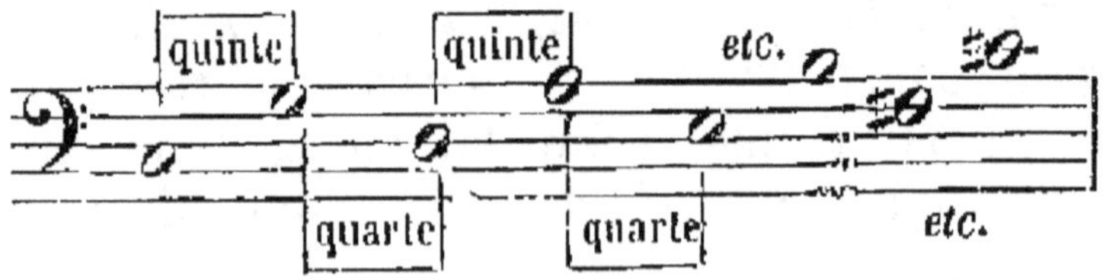

Ordre des dièses.

On voit qu'à partir du *fa* les toniques sont diésées.

Les gammes et les tons avec bémols sont rangés d'après le même système, dans l'ordre contraire; c'est-à-dire de quarte en quarte en montant et de quinte en quinte en descendant.

Ordre des bémols.

Au lieu de placer les altérations constitutives des tons devant la note altérée chaque fois qu'elle se représente, on les place ensemble après la clef, au commencement de chaque portée, ainsi qu'on va le voir dans les gammes suivantes, que nous donnons toutes, construites d'après le système et rangées dans l'ordre que nous venons d'indiquer.

Gammes avec dièses.

UT naturel, sans dièse.

SOL naturel, 1 dièse : *fa.*   (1)

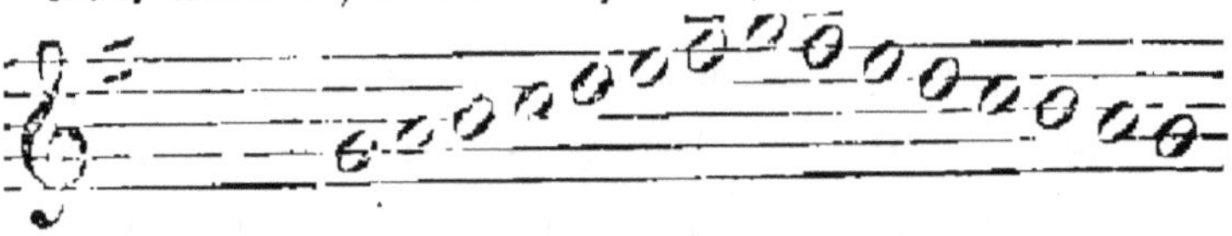

RÉ naturel, 2 dièses : *fa, ut.*

LA naturel, 3 dièses : *fa, ut, sol.*

MI naturel, 4 dièses : *fa, ut, sol, ré.*

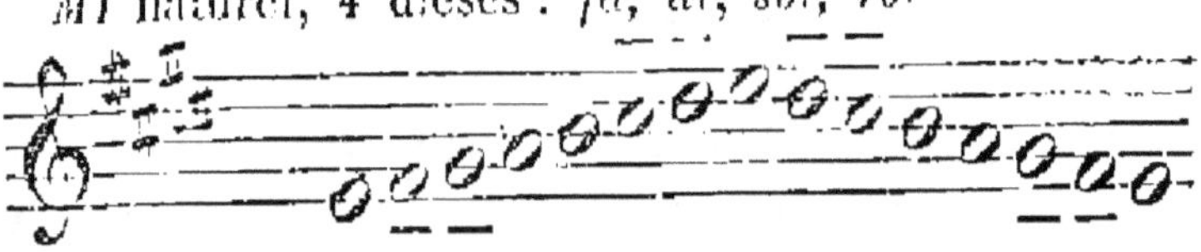

SI naturel, 5 dièses : *fa, ut, sol, ré, la.*

(1) Nous indiquons ainsi — les notes altérées

FA #, 6 dièses : *fa, ut, sol, ré, la, mi.*

UT #, 7 dièses : *fa, ut, sol, ré, la, mi, si.*

Gammes avec bémols.

UT naturel, sans bémol.

FA naturel, 1 bémol : *si.*

SI ♭, 2 bémols : *si, mi.*

MI ♭, 3 bémols : *si, mi, la.*

LA ♭, 4 bémols : *si, mi, la, ré.*

RÉ ♭, 5 bémols : *si, mi, la, ré, sol.*

SOL ♭, 6 bémols : *si, mi, la, ré, sol, ut.*

UT ♭, 7 bémols : *si, mi, la, ré, sol, ut, fa.*

Toutes ces gammes sont construites d'après le modèle donné page 9; ce sont les gammes *majeures* appelées ainsi du *mode* auquel elles appartiennent.

Le *mode* est la manière d'être d'un ton.

Il y a deux modes: le mode *majeur* et le mode *mineur.*

Le mode majeur (le seul dont nous nous soyons occupé jusqu'ici) diffère du mode mineur en ce que le troisième degré de sa gamme est situé à *deux tons* de la tonique, tandis que, dans le mode mineur, le troisième degré n'est situé qu'à *un ton et demi* de la tonique. Ex.:

Gamme majeure.   Gamme mineure.

La tierce formée ainsi s'appelle majeure dans la gamme majeure et mineure dans la gamme mineure; c'est donc elle qui caractérise et détermine le mode d'une gamme.

Intervalles majeurs et mineurs. — Un intervalle porté à sa plus grande dimension et formé de deux notes qui se trouvent réunies dans un même ton est appelé majeur: ainsi la tierce *ut mi* :  qui est formée de deux notes se rencontrant ensemble dans le même ton (*ton d'ut, de sol*) (1) est *majeure* tandis que la tierce *ut mi* ♮ :  intervalle réduit à sa plus petite dimension et formé de deux notes se rencontrant ensemble dans le même ton (*ton de si* ♮ *de mi* ♮) (2) est *mineure*. Les consonnances imparfaites et les dissonances peuvent seules être majeures

Intervalles augmentés et diminués. — Un intervalle plus grand d'un demi-ton que ce même intervalle lorsqu'il est *majeur* ou *consonnance*

(1) Exemple :

parfaite, est appelé intervalle augmenté. Ainsi *ut* et *mi* ♯ forment une tierce plus grande d'un demi-ton que la tierce majeure *ut, mi*, cet intervalle est donc *augmenté*. Exemple :

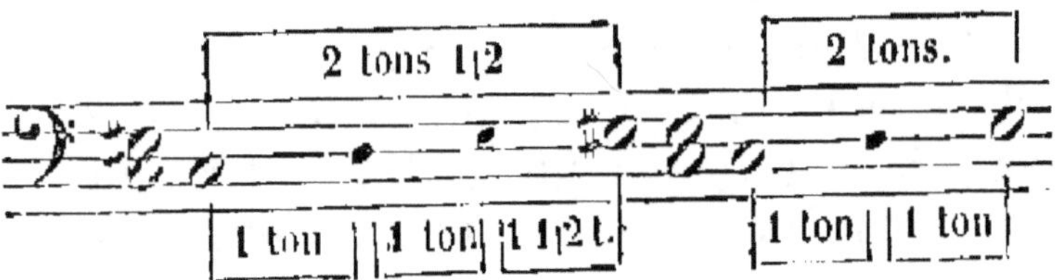

Ut et *sol* ♯ forment une quinte plus grande d'un demi-ton que la quinte *ut sol*; cet intervalle est donc aussi augmenté :

Un intervalle plus petit d'un demi-ton que ce même intervalle lorsqu'il est *mineur* ou *consonnance parfaite* est appelé intervalle diminué. Ainsi *ut* ♯ et *mi* ♭ forment une tierce plus petite d'un demi-ton que la tierce mineure *ut mi* ♭, cet intervalle est donc diminué.

Exemple :

Ut et *sol* ♭ forment une quinte plus petite d'un demi-ton que la quinte *ut sol*; cet intervalle est donc aussi diminué. Exemple :

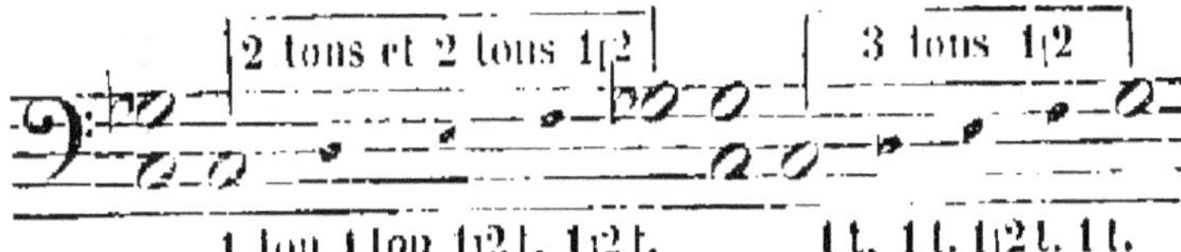

La quinte et la quarte peuvent être, en outre, *sous-diminuées* et *sur-augmentées*.

Sous-diminuées. Sur-augmentées.

La différence entre la quarte ou la quinte diminuée et la quarte ou la quinte sous-diminuée est d'un demi-ton; il en est de même entre la quarte ou la quinte augmentée et la quarte ou la quinte *sur-augmentée*.

L'intervalle de quarte augmentée (*ut* à *fa* ♯), formé de trois tons, est, à cause de cela, appelé *triton*. Exemple:

La gamme mineure est construite avec moins de régularité, plus artificiellement que la gamme majeure. Voyons quels sont ses principes de construction.

Prenons pour tonique *la*, qui nous fournira la tierce mineure obligée, sans avoir recours à un bémol (*la ut*, tierce mineure), et laissons les autres notes naturelles (nous verrons plus loin que la gamme de *la* mineur comme celle d'*ut* majeur dont elle est la relative, n a point d'altération à la clef, c'est ce qui nous a fait choisir pour cette démonstration). Nous obtiendrons la gamme suivante :

De cette façon nous avons un demi-ton entre le deuxième et le troisième degré (ce qui est indispensable à la gamme mineure) et un autre entre le cinquième et le sixième degré. Cette gamme est d'accord avec son principe, mais elle a un inconvénient grave : elle est composée exactement des mêmes sons que la gamme d'*ut* majeur. Exemple :

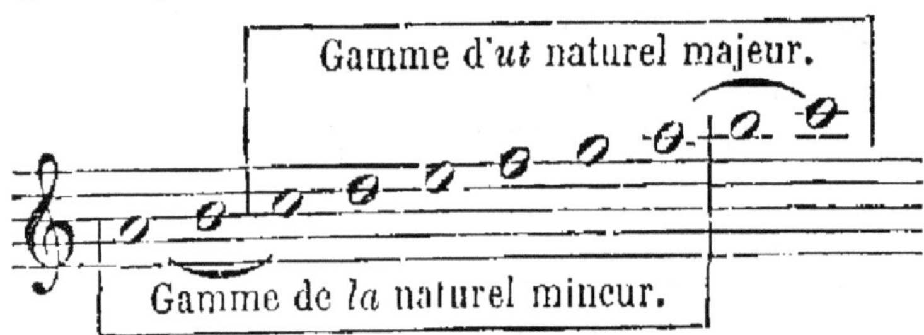

De là résulterait une grande confusion. Pour l'éviter, on a imaginé de placer une altération haussant la note d'un demi-ton (1), de manière que la septième note fût, comme dans les gammes majeures, à un demi-ton de la tonique. Exemple :

(1) On verra que cette altération est tantôt un dièse et tantôt un bécarre.

Cette septième note est appelée, dans les gammes majeures comme dans les gammes mineures, la *note sensible*, parce qu'elle fait pressentir, désirer pour ainsi dire, la tonique. Dans les gammes mineures, on voit que la note sensible est artificielle, tandis qu'elle entre naturellement dans les gammes majeures

La gamme mineure ainsi construite a donc trois demi-tons: l'un entre le deuxième et le troisième degré, l'autre entre le cinquième et le sixième, et enfin le troisième entre le septième et le huitième degré. Cette gamme n'est pas non plus sans défaut : elle contient entre le sixième et le septième degré un intervalle de seconde augmentée, étranger au ton et très difficile d'intonation pour la voix. Ce double défaut ne se rencontre pas dans cette autre manière de construire la gamme mineure : nous avons vu page 8 que les dièses tendaient à monter et les bémols à descendre. S'appuyant sur cette vérité, on a fait subir à la sixième note dans la gamme ascendante, la même altération qu'à la septième: on l'a haussée d'un demi-ton. Ex.:

Puis, s'appuyant encore sur cette vérité, on a rebaissé d'un demi-ton ces deux notes (1) dans la gamme descendante. Exemple :

De cette façon, il n'y a, en montant comme en descendant, que deux demi-tons ainsi placés : en montant, entre le 2ᵉ et le 3ᵉ degré et entre le 7ᵉ et le 8ᵉ ; en descendant, entre le 6ᵉ et le 5ᵉ et entre le 3ᵉ et le 2ᵉ.

Cette gamme, ne procédant que par tons et demi-tons diatoniques, est facile à chanter, c'est là son avantage. Son désavantage est de n'être pas la même en montant et en descendant.

L'une et l'autre de ces gammes mineures sont employées. Celle que nous avons expliquée en dernier lieu est la plus classique, l'autre est plus conforme à la tonalité moderne.

Les gammes mineures sont, comme les gammes majeures, divisées en gammes *avec dièses* et gammes *avec bémols*, et rangées d'après le nombre progressif des altérations, dans le même ordre que les gammes majeures, c'est-à-dire *de quinte en quinte en montant et de*

(1) Soit au moyen d'un bécarre, soit au moyen d'un dièse simple, remplaçant un double-dièse.

*quarte en quarte en descendant, pour les dièses,
et, pour les bémols, de quarte en quarte en montant, et de quinte en quinte en descendant. Ex. :*

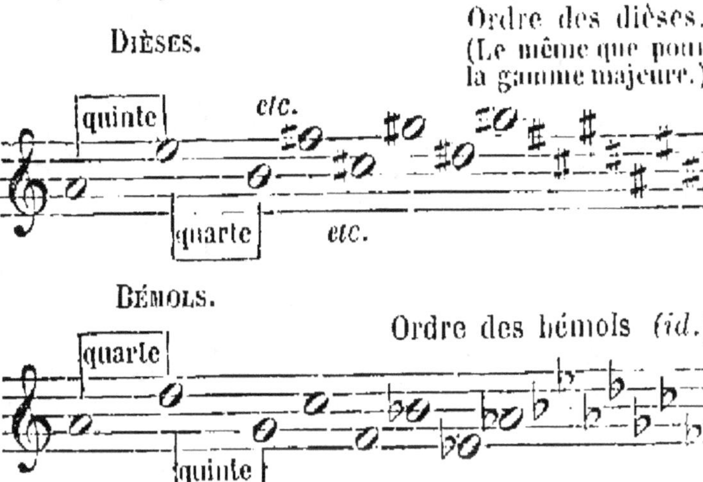

GAMMES MINEURES.

1º avec seconde augmentée.

Gammes avec dièses.

LA naturel, sans dièse.

MI naturel, 1 dièse : *fa.*

SI naturel, 2 dièses : *fa, ut.*

FA ♯, 3 dièses : *fa, ut, sol.*   —

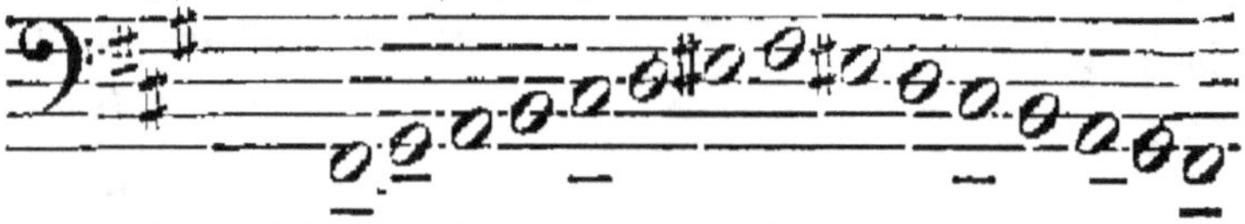

UT ♯, 4 dièses : *fa, ut, sol, ré.*

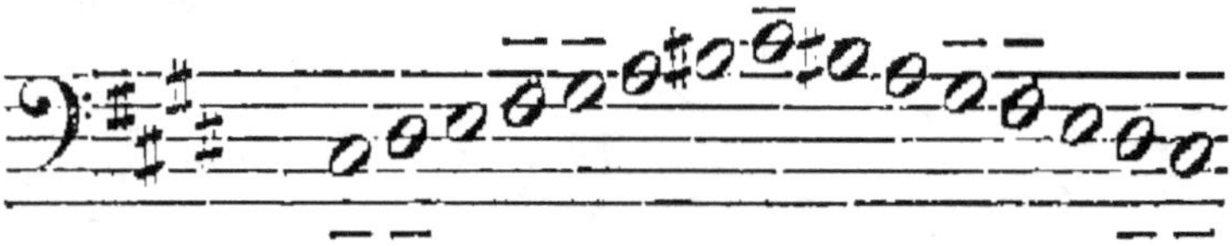

SOL ♯, 5 dièses : *fa, ut, sol, ré, la.*
(1)

RÉ ♯, 6 dièses : *fa, ut, sol, ré, la, mi.*

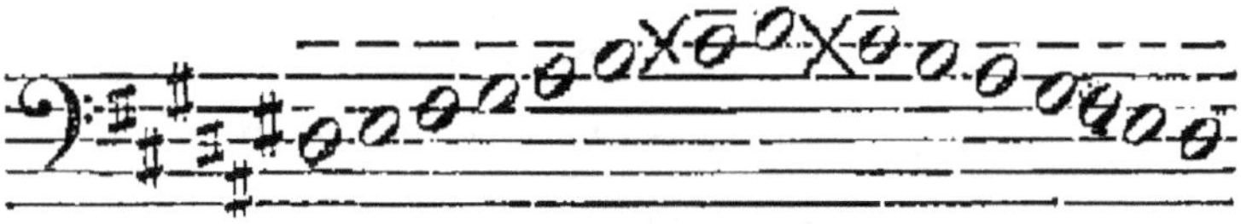

LA ♯, 7 dièses : *fa, ut, sol, ré, la, mi, si.*

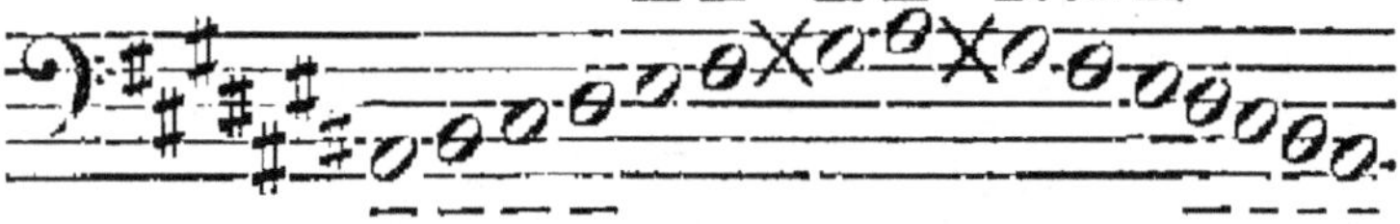

Gammes avec bémols.

LA naturel, sans bémol.

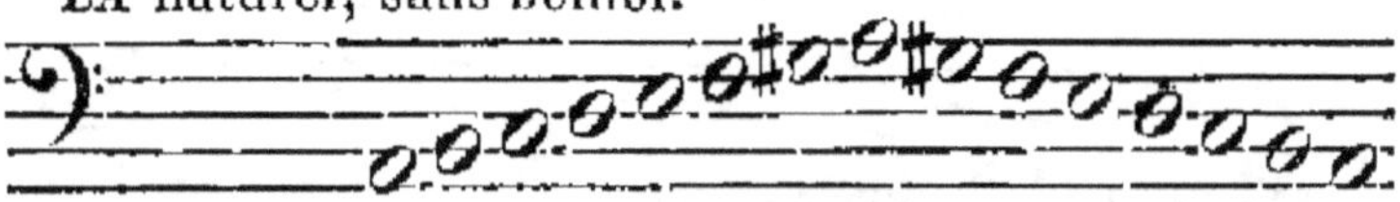

(1) Lorsqu'une note est déjà diésée ou bémolisée à la clef et qu'on a besoin de la hausser d'un second demi-ton, on agit comme si elle n'était pas diésée, ou bémolisée à la clef, et on place devant elle un double-dièse ou un double-bémol.

RÉ naturel, 1 bémol : *si.*

SOL naturel, 2 bémols : *si, mi.*

UT naturel, 3 bémols : *si, mi, la.*

FA naturel, 4 bémols : *si, mi, la, ré.*

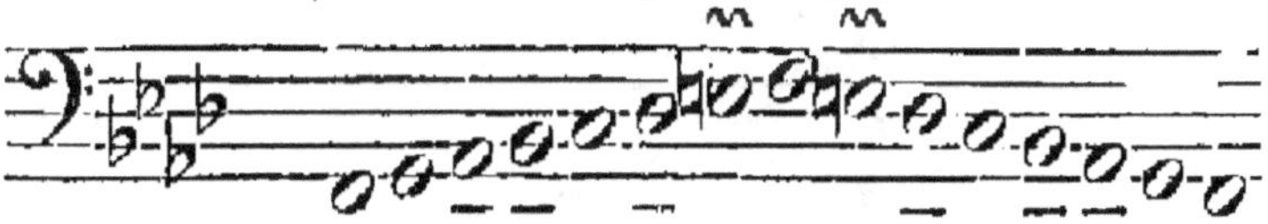

SI ♭, 5 bémols : *si, mi, la, ré, sol.*

MI ♭, 6 bémols : *si, mi, la, ré, sol, ut.*

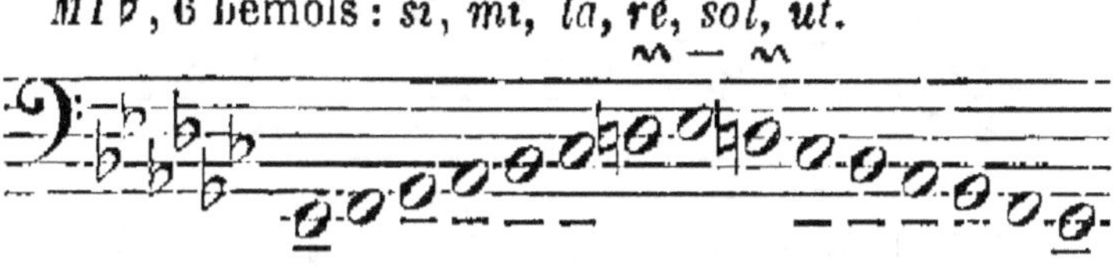

LA ♭, 7 bémols : *si, mi, la, ré, sol, ut, fa.*

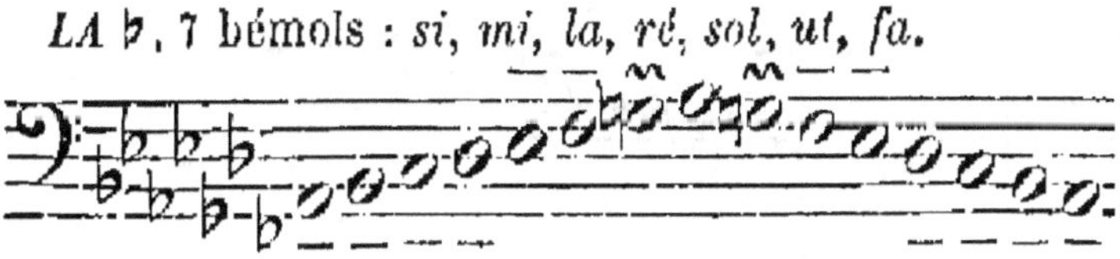

2° sans seconde augmentée.

Gammes avec dièses.

La naturel, sans dièse.   (1)

MI naturel, 1 dièse : *fa.*

SI naturel, 2 dièses : *fa, ut.*

FA ♯, 3 dièses : *fa, ut, sol.*

UT ♯, 4 dièses : *fa, ut, sol, ré,*

SOL ♯, 5 dièses : *fa, ut, sol, ré, la.*

(1) On verra plus loin la règle sur l'emploi des altérations.

RÉ ♯, 6 dièses : *fa, ut, sol, ré, la, mi.*

LA ♯, 7 dièses : *fa, ut, sol, ré, la, mi, si.*

Gammes avec bémols.

LA naturel, sans bémol.

RÉ naturel, 1 bémol : *si.*

SOL naturel, 2 bémols : *si, mi.*

UT naturel, 3 bémols : *si, mi, la.*

FA naturel, 4 bémols : *si, mi, la, ré.*

SI ♭, 5 bémols : *si, mi, la, ré, sol.*

MI ♭, 6 bémols : *si, mi, la, ré, sol, ut.*

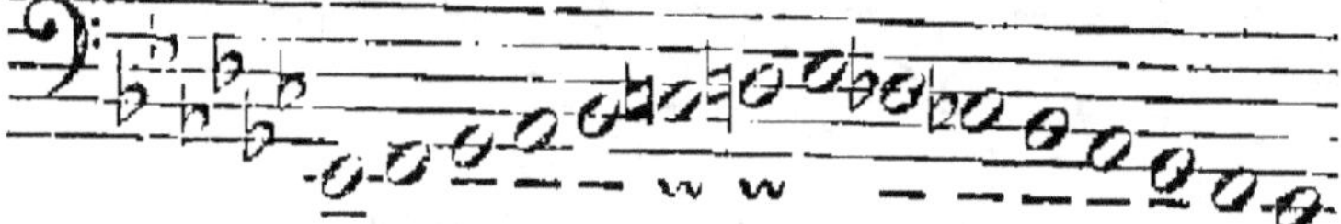

LA ♭, 7 bémols : *si, mi, la, ré, sol, ut, fa,*

Tons relatifs. — Nous avons vu (page 46) que les mêmes notes formaient une gamme majeure et une gamme mineure, inconvénient évité au moyen d'altérations appélées *accidentelles.* Il résulte de cela qu'il y a toujours *deux tons,* l'un majeur et l'autre mineur, dont l'armure (1) est la même: on les appelle tons relatifs (qui ont du rapport l'un avec l'autre), Chaque ton majeur a donc son ton relatif mineur et chaque ton mineur son ton relatif majeur. En consultant l'exemple p. 46, on voit que le ton relatif mineur est situé à

(1) On appelle *armure* les altérations placées immédiatement après la clef, au commencement de chaque portée, pour indiquer le ton du morceau. Voyez les gammes précédentes. Les altérations *accidentelles* sont celles que l'on rencontre dans un morceau et qui ne sont pas à l'armure.

une tierce mineure au-dessous du ton majeur;
par conséquent le ton relatif majeur est situé
une tierce mineure au-dessus du ton mineur.
Il en est de même pour tous les tons. Ex.

Ton d'*ut nat. majeur.*

Ton relatif *mineur : la*
naturel.

Ton de *si nat. mineur.*

Ton relatif *majeur : ré*
naturel.

Ton de *fa nat. majeur.*

Ton relatif *mineur : ré*
naturel.

Ton de *sol nat. majeur.*

Ton relatif *mineur : mi*
naturel.

Ton de *fa* ♯ *mineur*.

Ton relatif *majeur* : *la naturel.*

tierce mineure.

ton de *fa nat. mineur* :

Ton relatif *maj.* : *la* ♮

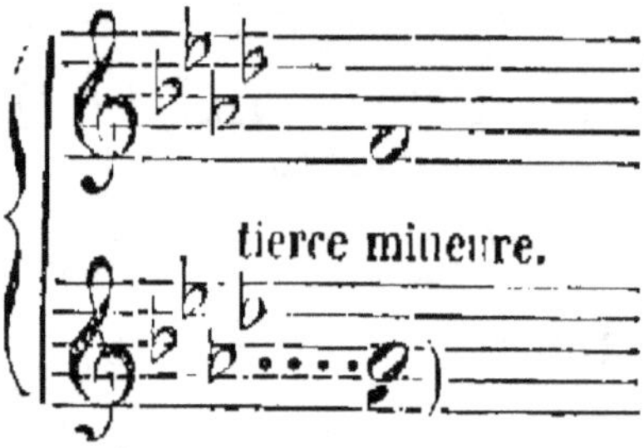

tierce mineure.

Pour reconnaître dans lequel de ces deux tons est écrit un morceau, il y a plusieurs moyens : 1° Chercher dans les premières mesures de ce morceau l'altération nécessaire pour former la note sensible du ton mineur, c'est-à-dire, un dièse ou un bécarre devant la septième note du ton (voyez les gammes mineures.) Ce moyen n'est pas infaillible car, il peut arriver que, dans les premières mesures du morceau, cette altération soit évitée, ou bien que le morceau étant majeur, des altérations momentanées amènent des sons étrangers au ton et, parmi eux, l'altération de la note sensible. 2° Regarder la note finale du morceau qui est, sauf de rares exceptions, la tonique. Mais avec un peu d'expérience il suffit de chanter mentalement quelques mesures pour reconnaître le ton et le mode d'un morceau.

Outre la désignation par chiffres chaque note ou degré (degré en comparant la gamme à une échelle) de la gamme a un nom particulier. Nous avons déjà vu (page 38) que la première note s'appelait la tonique et la dernière la note sensible (page 47). La plus importante après la tonique c'est la *cinquième*, celle qui forme la *quinte avec la tonique* et qui *domine* dans le ton : on l'appelle la *dominante*.

Les autres notes sont désignées d'après leur position par rapport à ces deux notes principales.

1°   La *tonique*.

2°   La *sus-tonique*.

3°   La *médiante* (qui tient le milieu entre la tonique et la dominante).

4°   La *sous-dominante*.

5°   La *dominante*.

6°   La *sus-dominante* (ou *sous-sensible*).

7°   La *note sensible* (ou *sous-tonique*).

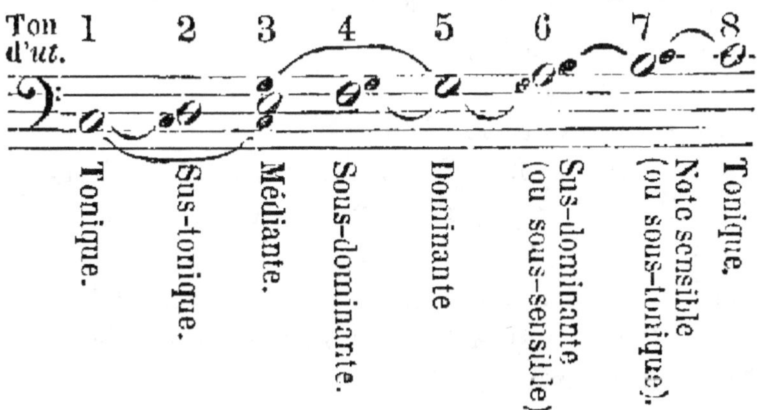

CHAPITRE IV

MESURES. — EMPLOI DES ALTÉRATIONS. —

ENHARMONIE.

Mesures. — Nous avons vu (page 12) que la durée du temps en musique était divisée en périodes égales appelées *mesures*, partagées elles-mêmes en plusieurs *temps* (1) égaux. La mesure est de deux espèces: *binaire* ou *ternaire*; elle est aussi *simple* ou *complexe*.

On appelle *binaire* une mesure divisée en *deux temps*, et *ternaire* une mesure divisée en *trois temps*.

Une mesure *simple* est celle dont chaque temps se subdivise en deux valeurs (division binaire); une mesure *complexe* est celle dont chaque temps se subdivise en trois valeurs (division ternaire).

La division binaire et ternaire s'applique donc aux mesures et aux temps.

Il y a par conséquent des mesures à deux et à trois temps; il y en a aussi à quatre temps, qui, bien que rentrant dans l'*ordre binaire simple,* sont d'un emploi tellement fréquent, qu'on les considère comme un troisième genre mesure.

(1) Voyez page 12, note 4.

EXEMPLES DES DIFFÉRENTES ESPÈCES DE MESURES.

Ordre binaire. Ordre ternaire.

Deux temps. Deux ou quatre temps. Trois temps.

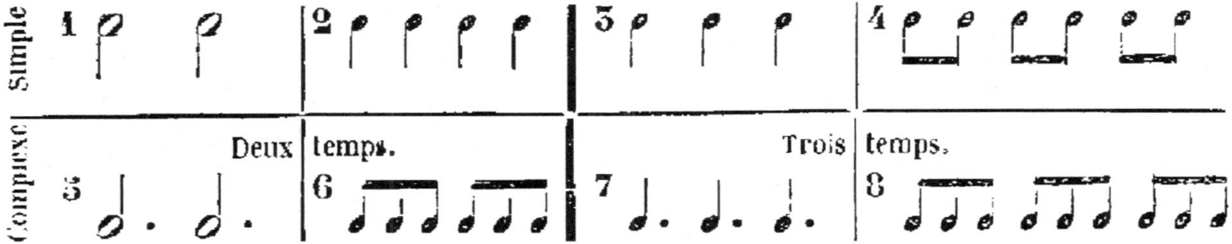

De plus, en faisant de la mesure à quatre temps (fig. 2) un troisième genre, on a les subdivisions suivantes :

Mesure à quatre temps.

Simple. Complexe.

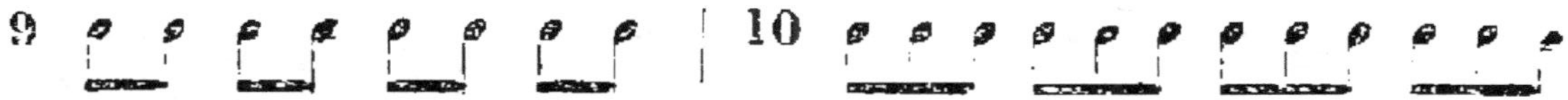

Quelques auteurs classent autrement les mesures simples et complexes; ils appellent *simples* les mesures dans lesquelles les divisions *et les subdivisions* appartiennent *au même ordre* (binaire ou ternaire) et complexes celles qui contiennent dans leurs divisions et subdivisions *les deux ordres mêlés*. En d'autres termes: pour ces auteurs les mesures simples sont celles dans lesquelles *le même ordre* (binaire ou ternaire) est appliqué à la mesure *et aux temps;* et les mesures complexes sont celles dans lesquelles un ordre est appliqué à la mesure, et *un autre* aux temps. Ainsi, d'après ce système, les exemples 1, 2, 3, 7, 8 et 9 sont des mesures *simples* et les exemples 4, 5, 6 et 10 sont des mesures *complexes*.

On indique, dans les morceaux de musique, les diverses mesures au moyen de *fractions* dont l'*unité est la ronde* et que l'on place au commencement du morceau, immédiatement après l'armure. On ne répète pas cette indication, comme on répète la clef et l'armure, au commencement de chaque portée; on ne la place qu'à chaque changement de mesure. Exemples: $\frac{2}{4}$ signifie que la mesure est formée de *deux quarts de ronde* c'est-à-dire deux noires ♩♩. $\frac{3}{4}$ signifie qu'il y a *trois quarts* de ronde dans chaque mesure, c'est-à dire *trois noires* ♩♩♩. $\frac{4}{8}$ indique quatre

huitièmes de ronde ou *quatre croches* ♪♪♪♪. 
Lorsque la mesure contient plus qu'une ronde
le même système est employé : $\frac{3}{2}$ indique trois moitiés de ronde ou trois blanches

dans chaque mesure : ♩♩♩.

Dans les mesures complexes, dont chaque
temps est divisé, d'après l'ordre ternaire, en
trois valeurs égales, le chiffre d'en haut ou nu-
mérateur ne peut plus indiquer, comme dans
les exemples précédents, le nombre de temps
que contient chaque mesure ; il indique alors
la somme des divisions des temps. Ce cas se
présente dans toutes les mesures dont chaque
temps est représenté par une valeur pointée.
Ainsi la mesure qui contient deux temps
formés chacun d'une noire pointée est désignée par la fraction $\frac{6}{8}$ qui indique que la
mesure contient six huitièmes de ronde ou six
croches : ♪♪♪♪♪♪ | ♩. ♩. 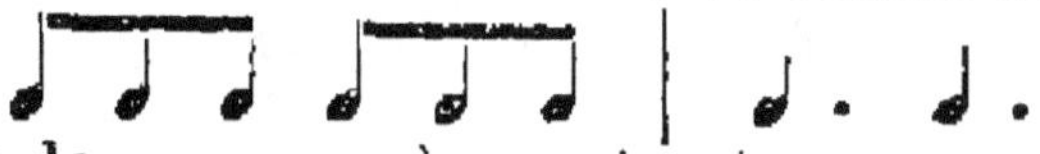
De même la mesure à quatre temps, repré-
sentés chacun par une noire pointée ou trois
croches, contenant en tout douze croches
s'indique ainsi : $\frac{12}{8}$ ♩. ♩. ♩. ♩.

♪♪♪ ♪♪♪ ♪♪♪ ♪♪♪

TABLEAU DES MESURES SIMPLES.

MESURES BINAIRES.

A deux temps.

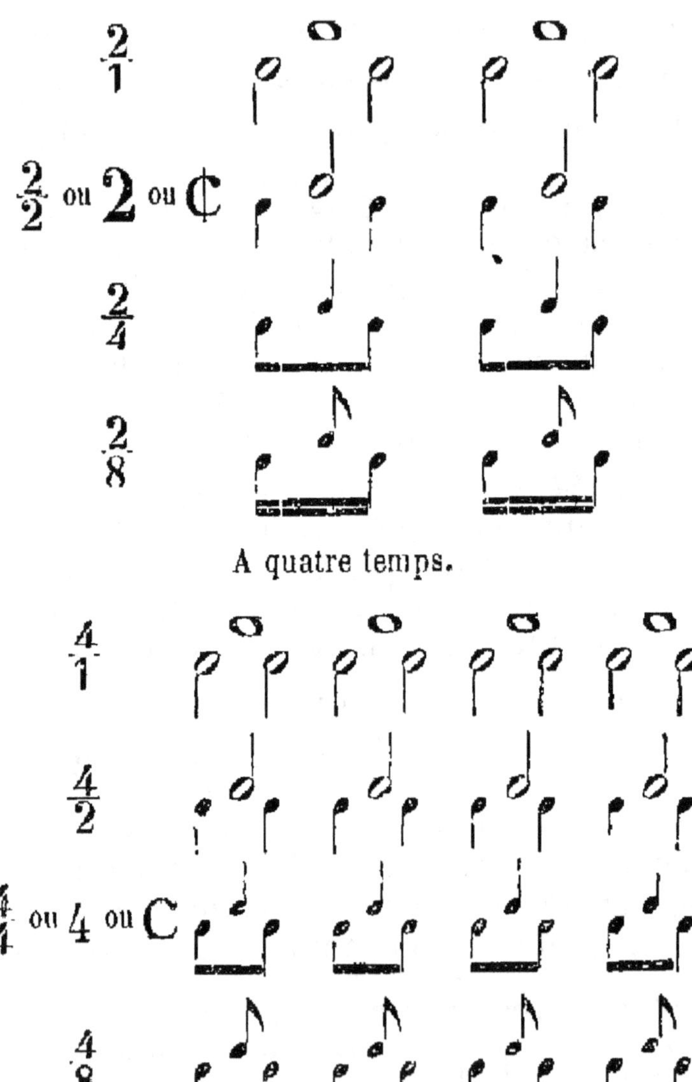

A quatre temps.

MESURES TERNAIRES.

À trois temps.

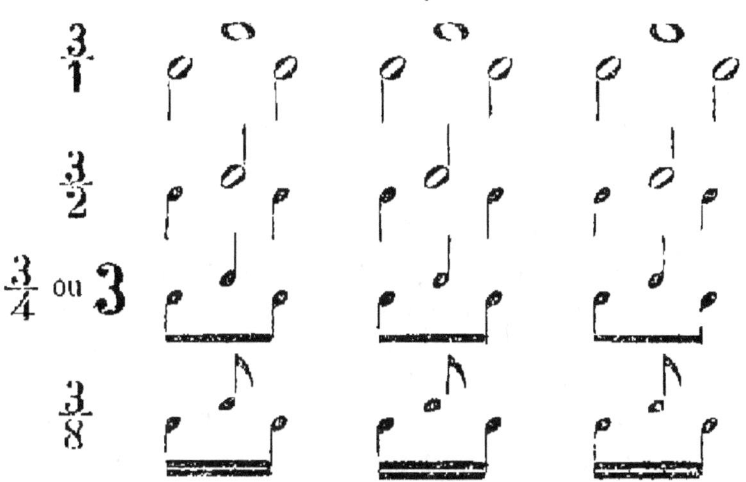

TABLEAU DES MESURES COMPLEXES.

MESURES BINAIRES.

À deux temps.

A quatre temps

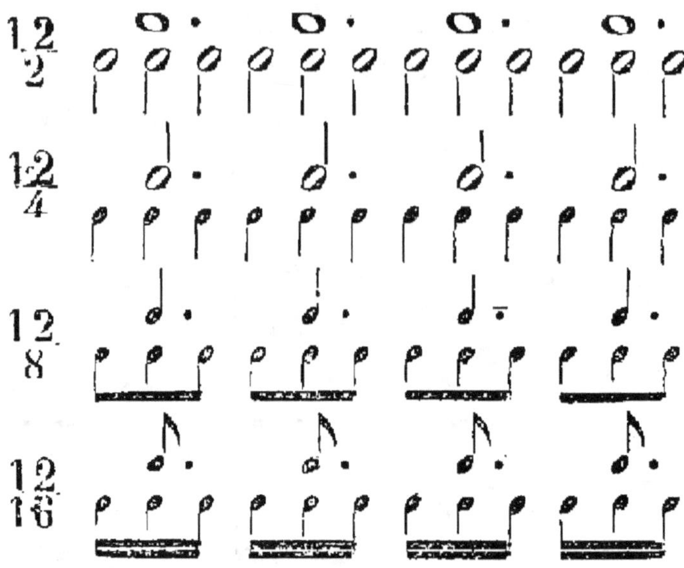

MESURES TERNAIRES.

A trois temps.

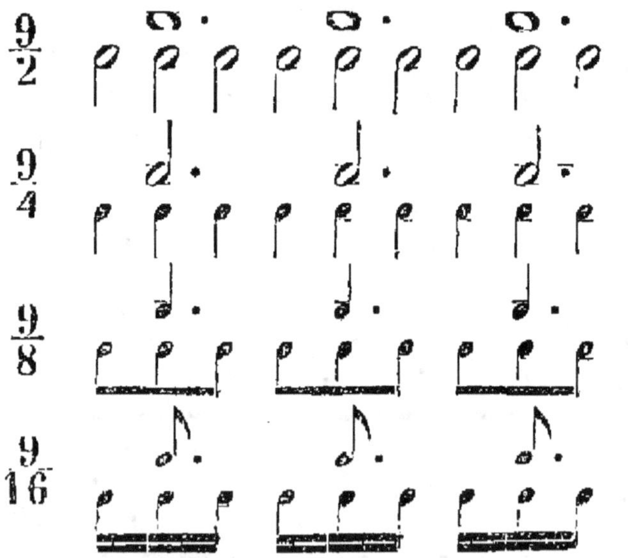

Les temps des mesures sont divisés en temps *forts* et temps *faibles*. Dans les mesures à deux temps, le premier est fort et le second faible; dans les mesures à trois temps, le premier seul est fort et les deux autres sont faibles; dans les mesures à quatre temps, le premier est fort, le deuxième et le quatrième sont faibles et le troisième est *demi-fort*, ce qui s'explique ainsi : cette mesure n'est rigoureusement qu'une mesure à *deux temps binaires subdivisés*, et son troisième temps, étant le véritable deuxième temps, doit nécessairement être plus fort que les deuxième et troisième temps (qui ne sont que des subdivisions), mais moins fort que le premier.

Contre-temps. — On appelle passage à *contre-temps* un passage pendant lequel les notes sont placées *sur les temps faibles seulement,* ou *sur la partie faible seulement* de temps subdivisés. Exemple :

Passage écrit à contre-temps (les notes sur les temps faibles.)

Même passage écrit sans contre-temps.

Passage à contre-temps (les notes sur la partie faible des temps) :

Le même sans contre-temps :

Autres genres de contre-temps :

Le même sans contre-temps :

Contre-temps :

Sans contre-temps :

Syncopes (1). — La syncope est la *prolongation sur le temps fort suivant* ou *sur la partie forte du temps suivant* d'une note placée à contre-temps Exemple :

Passage écrit en syncopes (les notes placées sur les temps faibles) :

Le même sans syncopes :

Passage en syncopes (les notes sur la partie faible des temps) :

Le même sans syncopes :

Autres genres de syncopes :

(1) Du grec κόπτω je coupe, σύν avec, parce que le temps vient *couper,* pour ainsi dire, la note en deux.

Le même passage sans syncopes :

Emploi des altérations accidentelles. — Les altérations accidentelles (1) n'agissent pas seulement sur la note devant laquelle elles sont placées mais sur *toutes les notes de même nom contenues dans la même mesure*. Si l'on a besoin qu'une note altérée accidentellement redevienne naturelle avant la fin de la mesure qui contient l'altération, il faut employer le bécarre ; et le bécarre agissant de la même manière que le dièse et le bémol, il faut placer un nouveau dièse ou un nouveau bémol si l'on veut que la note redevienne diésée ou bémolisée avant la fin de la mesure. Si l'on veut qu'une note reste altérée pendant plusieurs mesures, il faut placer une nouvelle altération devant cette note chaque fois qu'elle se présente d'abord dans une de ces mesures.

(1) Ces altérations *accidentelles* sont celles qu'on rencontre dans le courant d'un morceau. On les appelle aussi *accidents* ou *signes accidentels*.

Le dièse et le bémol situés tous deux entre les deux mêmes notes tels que *ut dièse* et *ré bémol* (entre *ut* et *ré*), bien que représentés souvent par un même son, ne peuvent être employés indistinctement (voy. p. 8 note 2.) On appelle ces deux sons des sons *synonymes* ou *enharmoniques*.

En effet on n'est pas libre d'appeler un même son dièse ou bémol indifféremment; on ne peut lui donner que *le nom que lui assigne son rang dans la gamme du ton dans lequel on se trouve.* Supposons, par exemple, que nous soyons en *la naturel majeur,* la troisième note de la gamme de *la* naturel majeur est *ut dièse,* on ne pourra donc appeler le demi-ton situé entre *ut* et *ré* que *ut dièse* et jamais *ré bémol* à moins de changer de ton. De même pour *ré bémol* qui, dans le ton de *la bémol majeur,* étant la quatrième note de la gamme, ne pourra jamais être appelé *ut dièse* sans changer de ton. On peut donc, grâce au *tempérament* (voyez page 8 note 2) passer d'un ton dans un autre, au moyen des sons enharmoniques, en changeant seulement le nom et l'altération de la note.

Passer d'un ton dans un autre c'est *moduler;* ce passage s'appelle *modulation.* Ce genre de modulation s'appelle *enharmonie.* Le tempérament, loin d'être un défaut, comme il semblerait au premier abord, est donc une source féconde de riches combinaisons et permet des effets qui lui doivent une grande beauté et qui sans lui, seraient durs et presque impraticables.

L'enharmonie est le troisième genre de succession des sons. Ces trois genres, le *diatonique,* le *chromatique* et l'*enharmonique,* sont combinés dans la musique moderne: le premier y domine, le troisième y est le moins fréquent; mais le deuxième en est le caractère distinctif. On peut dire d'une œuvre musicale: « Elle est dans le genre diatonique ou dans le genre chromatique » selon que l'un ou l'autre y domine ou même s'y trouve seul; mais les trois genres étant continuellement entremêlés, on ne fait guère plus cette distinction.

Le tempérament réduit donc à *douze* le nombre des sons contenus dans l'octave qui, sans cela, en contiendrait vingt-et-un.

Ainsi les gammes majeures en *si naturel* et *ut bémol* sont formées des mêmes sons, comme les gammes mineures en *sol dièse* et *la bémol*.

Voici les gammes qui, étant formées, par le tempérament, des mêmes sons, se trouvent identiques :

MAJEURES.

Si naturel   et   *ut* bémol.
Fa dièse   et   *sol* bémol.
Ut dièse   et   *ré* bémol.

MINEURES.

Sol dièse   et   *la* bémol.
Ré dièse   et   *mi* bémol.
La dièse   et   *si* bémol.

Il y a en outre d'autres tons pour lesquels on entre dans l'ordre des doubles-dièses et des doubles-bémols à la clef. Ces tons fournissent encore d'autres modulations enharmoniques.

CHAPITRE V

MÉLODIE — HARMONIE.

Lorsque les sons se font entendre *successivement* et forment, à l'aide du *rhythme*, un sens musical plus ou moins agréable à l'oreille, il en résulte une *mélodie*.

Le *rhythme*, (1) en musique, est la durée proportionnelle du temps qui s'écoule entre l'articulation de chaque son.

Il ne faut pas confondre le *rhythme* avec la *mesure*. La mesure est, comme nous l'avons déjà dit, la division du temps en *parties toujours égales entre elles*, tandis que le rhythme est la division du temps *entre chaque note en parties proportionnelles* et périodiques.

La mesure ne s'applique donc qu'au temps: c'est, pour ainsi dire, un cadre dans lequel viennent se grouper les notes et les silences. Pourvu que la somme des valeurs des notes et des silences soit toujours égale, la mesure est satisfaite.

Le rhythme s'applique aux sons eux-mêmes, il les soumet à un ordre d'autant plus rigoureux que le rhythme est plus accentué.

Lorsque plusieurs sons, combinés de manière à former ensemble un *tout* plus ou moins harmonieux, se font entendre simultanément, il en résulte un *accord*. L'ensemble des lois de la *formation* et de la *succession* des accords forme cette science qu'on appelle l'*harmonie*. L'*harmonie* peut donc être définie: la *science des accords*.

Nous allons étudier d'abord la mélodie et ensuite l'harmonie.

(1) Du grec, ῥυθμὸς : mouvement réglé, mesuré.

1. — *Mélodie*

La mélodie, comme la première des hommes, car c'est dans leur propre voix qu'ils en trouvèrent le type originaire, est toujours la première chose qu'on remarque à l'audition d'une œuvre musicale, et, lorsqu'on est étranger aux études musicales, c'est elle *seule* qui frappe; l'harmonie qui l'accompagne n'est souvent qu'à peine entendue : « Il y a environ vingt ans, disait M. Fétis en 1831, qu'on s'est assuré, par diverses expériences, qu'une partie du public de nos spectacles croyait que l'orchestre jouait à l'unisson avec les chanteurs. »

La mélodie est en effet beaucoup plus ancienne et beaucoup plus générale que l'harmonie. Celle-ci semble avoir été inconnue de l'antiquité; l'union de la mélodie et de l'harmonie ne date que du moyen âge, et n'a été employée que par les peuples européens.

La mélodie est soumise à des règles précises de symétrie. Il est aussi impossible de se soustraire à ces règles qu'à celles du mètre en poésie.

De ces règles, les plus impérieuses sont celles du *rhythme*.

La différence de vitesse ou de lenteur des sons, établie dans un ordre régulier quelconque, constitue un *rhythme*. Plus le rhythme est rapide et plus il est sensible. Dans les mouvements très-lents on le remarque à peine. Le rhythme est indépendant de la mélodie, car un grand nombre de mélodies peuvent avoir un même rhythme ; mais changez le rhythme et vous changez en même temps le caractère de la mélodie.

Le rhythme se place tantôt à la basse tantôt au chant. Il devient *composé* lorsque deux rhythmes différents, placés l'un à la basse, l'autre au chant, se combinent et produisent un effet mixte. C'est en se prolongeant que le rhythme prend une grande importance. Ainsi *une croche* suivie de deux *doubles-croches*  est une combinaison très-fréquente ; elle passe inaperçue dans le cours d'un morceau, mais si elle est répétée un certain nombre de fois de suite, elle formera un rhythme très-marqué :

Sans rhythme la mélodie n'est qu'une suite de sons vagues et sans caractère. Le rhythme tout seul est quelque chose, car le tambour ne transmet que le rhythme, et cependant l'oreille le sent très-bien.

Exemple de quelques rhythmes simples.

Mesures binaires :

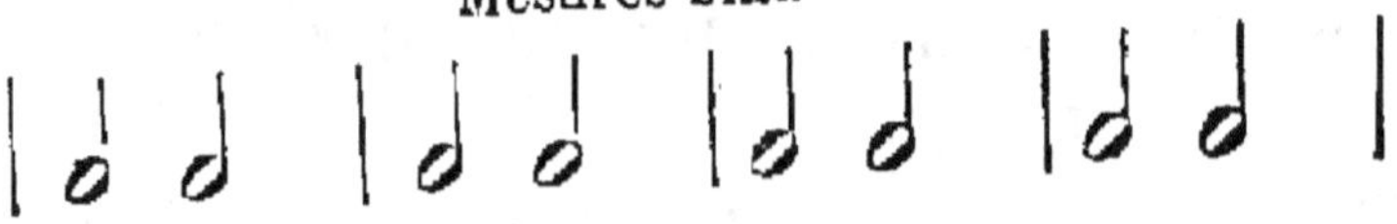

Mesures ternaires :

Exemple de rhythme composé :

Lorsque le rhythme est composé de plusieurs éléments combinés diversement il est plus difficile à saisir. Dans chacun des exemples précédents les mesures sont composées de la même manière, tandis que dans l'exemple suivant plusieurs mesures se suivent différemment composées.

Binaire :

Ternaire :

Mais l'ensemble de ces quatre mesures peut former une *période*, de même que l'ensemble des notes composant chacune des mesures citées précédemment, en formait une.

Il résulte de cette nouvelle combinaison un nouveau genre de rhythme qu'on appelle *carrure des phrases*.

La carrure des phrases veut que le nombre des mesures, formant une phrase musicale soit symétrique, comme l'est celui des temps. Ainsi, chacun des deux exemples précédents deviendra sensible si une seconde suite de quatre mesures pareillement divisées lui est ajoutée. Exemple :

(1) La dernière mesure diffère souvent pour finir. Nous verrons plus tard qu'il y a encore d'autres différences bien que le *fond* reste semblable.

Chacune de ces séries de mesures forme une phrase musicale.

On appelle *phrase* musicale une succession de sons, un ensemble de mesures, formant un fragment de mélodie auquel correspond ordinairement une autre phrase d'un nombre égal de mesures et de même rhythme, comme dans les deux derniers exemples.

La *carrure* des phrases est la symétrie de deux phrases de mélodie formant ensemble une *période* : les deux derniers exemples sont donc deux *périodes*. Enfin cette période elle-même est généralement suivie d'une seconde période, semblable quant au rhythme, afin de produire une mélodie complète.

L'expression CARRURE *des phrases* vient de ce que les phrases musicales sont généralement composées de *quatre* mesures. Cependant une phrase de trois mesures, quelquefois même de cinq mesures, devient régulière lorsqu'elle est suivie d'une seconde phrase également de trois ou de cinq mesures. En effet la symétrie de nombre s'y trouve. Une troisième phrase (toujours semblablement divisée) peut être ajoutée aux deux premières lorsque le sens musical n'est pas terminé.

Modulations. — Nous avons vu que *moduler* c'était passer d'un ton dans un autre. Si un morceau de musique restait toujours dans le *même ton* il serait *monotone (μόνος τόνος , un seul ton)* et amènerait l'ennui ; pour l'éviter on a recours à la modulation, afin que la variété des tons soutienne l'intérêt. Mais on ne peut passer arbitrairement d'un ton dans un autre, car l'oreille ne se plait pas à toute succession de tons, elle veut trouver une certaine analogie, dans cette variété même, entre le ton principal d'un morceau et ceux des modulations ; en effet la variété sans ordre devient de la confusion, déroute l'oreille et fatigue l'esprit.

Les tons employés pour moduler sont donc ceux qui ont quelque rapport avec le ton principal : c'est d'abord *le ton relatif* (voyez p. 54), puis le ton qui a *un dièse* ou *un bémol en plus* ou *en moins* à l'armure. Ces modulations peuvent en amener d'autres de la même manière, en s'enchaînant les unes avec les autres, pour revenir enfin dans le ton principal, au moyen d'une *rentrée* qui, faite habilement, est d'un grand charme.

Ces modulations sont les modulations *principales* ou *régulières*. Il y en a d'autres qui sont purement de fantaisie et de caprice et dont le charme est dans l'imprévu : celles-là sont des modulations *passagères* ou *secondaires*; elles sont plus courtes que les autres.

La mélodie est de plusieurs espèces : tantôt c'est un chant dont la beauté n'a besoin d'aucun accompagnement pour se manifester (ce sont les plus rares) mais qui cependant peut toujours tirer de nouveaux charmes d'un accompagnement habile ; tantôt l'harmonie lui est indispensable bien qu'elle conserve un caractère essentiellement mélodique, tantôt enfin la mélodie est inséparable de l'harmonie et ne fait qu'un seul tout avec elle. Les personnes étrangères aux études musicales ne peuvent apprécier les mélodies de ce dernier genre, ou bien n'y parviennent que lentement. Un musicien les saisit en un instant.

2. — *Harmonie.*

Nous avons vu (page 31) que les intervalles se divisaient en *consonnants* et *dissonants*. Les *accords*, étant formés de plusieurs intervalles, sont divisés de la même manière : si les intervalles qui forment un accord sont tous consonnants, l'accord est consonnant ; si parmi ces intervalles il s'en trouve un qui soit dissonant, l'accord est dissonant (quelquefois, mais très-rarement, un accord dissonant contient deux intervalles disonants).

Les accords se désignent d'après celui des intervalles dont ils sont formés qui est le plus caractéristique : *accord de seconde, accord de sixte*, etc.

Quelquefois deux des intervalles d'un accord sont également caractéristiques; dans ce cas l'accord prend le nom de ces deux intervalles : accord *de sixte et quarte*. Un seul accord fait exception à cette règle, c'est l'*accord parfait*, ainsi appelé parce que c'est celui qui satisfait le plus l'oreille, qui sert de conclusion à toute période harmonique, celui enfin qui donne l'idée du repos. Il est composé de la *tierce*, de la *quinte* et de l'*octave* (ce dernier intervalle, étant la répétition de la *note fondamentale* de l'accord, n'est pas indispensable.) Ces intervalles mesurés sur la tonique, note fondamentale, sont supérieurs (1). L'accord parfait (avec l'octave) contient en outre la *sixte* et la *quarte*. Tous les intervalles consonnants se trouvent donc réunis dans l'accord parfait. Exemple :

Accord parfait. Tierce. Quinte. Octave. Sixte. Quarte.

Cet accord se place sur toutes les notes de la gamme, excepté sur la *note sensible* dans les gammes majeures et mineures, et sur *la sus-tonique* dans la gamme mineure, car sur ces notes la *quinte* étant *diminuée*, l'accord prend le nom d'accord de *quinte diminuée*. Ex :

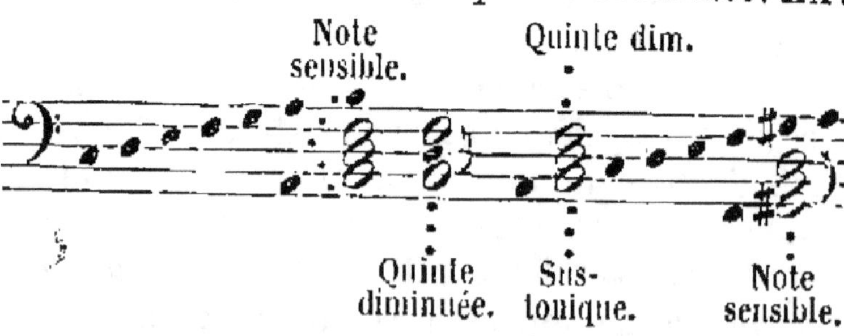

(1) On ne compte les intervalles d'un accord qu'en partant de la note la plus grave (intervalle supérieur.)

Les accords consonnants sont donc formés de la *tierce*, de la *quarte*, de la *quinte*, de la *sixte* et de l'*octave* (intervalles consonnants). Dans les accords dissonants entrent la *seconde* et la *septième* (intervalles dissonants). Or la *septième* étant le renversement de la seconde (*et vice versa*), il n'y a, pour ainsi dire, qu'une note qui forme dissonance, tantôt elle est placée au grave et tantôt à l'aigu.

Exemple :

Les accords, comme les intervalles, *se renversent;* chaque accord a donc autant de positions différentes que de notes. L'accord proprement dit est celui dont la note fondamentale est au grave, les autres positions sont appelées *renversements.*

On se sert de *chiffres* pour indiquer les accords d'une manière abrégée. Ces chiffres indiquent les intervalles constitutifs des accords. Ainsi l'accord parfait se chiffre par un 3, par un 5 ou par un 8, selon que l'un de ces intervalles est considéré comme le plus important, car ces trois intervalles sont également constitutifs dans l'accord parfait.

Quelques auteurs n'indiquent par aucun chiffre l'accord parfait.

Les chiffres se placent au-dessus des notes qui doivent recevoir des accords.

L'accord de *seconde* se chiffre par un 2; l'accord de *sixte* par un 6; celui de *sixte et quarte* par $\frac{6}{4}$, etc.

Voici la liste des principaux accords avec leurs renversements et la manière de les chiffrer.

Accord parfait majeur : 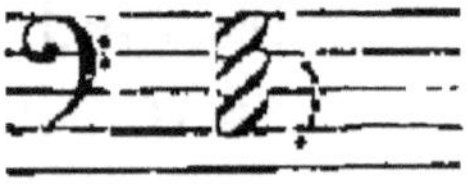 Tierce majeure.

Accord parfait mineur :  Tierce mineure.

Accord de quinte diminuée. Dans le ton d'*ut* majeur :  ; dans le ton de *la* mineur :  (1) chiffres : 3 ou 5 ou 8 5 (2)

L'accord parfait a deux renversements appelés *l'accord de sixte* et *l'accord de sixte et quarte*.

(1) L'accord parfait et celui de quinte diminuée sont les seuls qui ne soient composés que de trois notes.

(2) En général la *barre* qui traverse un chiffre (5) indique la *diminution* de l'intervalle représenté par ce chiffre.

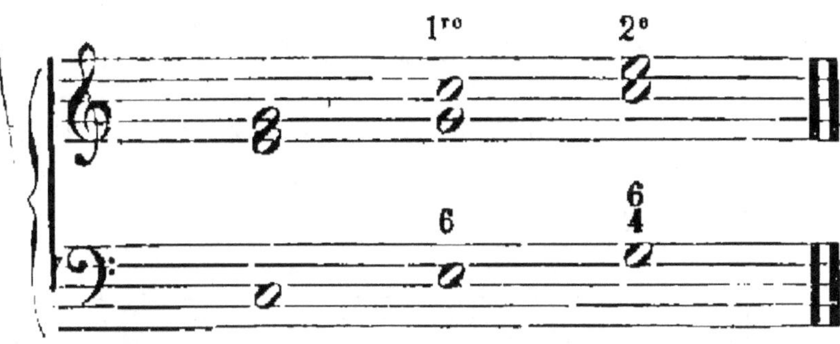

L'accord de septième dominante 

a trois renversements: 1° *l'accord de sixte et quinte diminuée,* 2° *l'accord de sixte sensible,* 3° *l'accord de triton :*

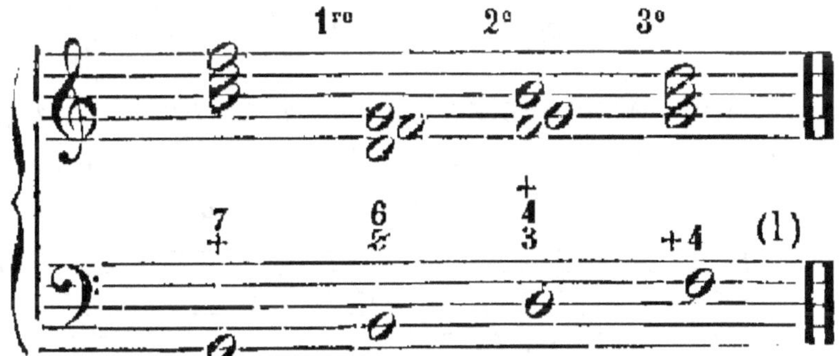

(1) La croix précédant ou remplaçant un chiffre $\left(\begin{smallmatrix}7\\+\end{smallmatrix}+4\right)$ indique que l'intervalle représenté par ce chiffre est *majeur* ou *augmenté.* Ainsi dans l'accord de septième dominante la croix $\left(\begin{smallmatrix}7\\+\end{smallmatrix}\right)$ indique que la tierce est ma-majeure : . Dans l'accord de triton la croix (+4) indique que la *quarte* (4) est augmentée : et forme, par conséquent *triton.* La *croix* indique aussi quelquefois la note sensible. Ainsi dans

Accord de septième sensible : 

Renversements : 1° *accord de quinte et sixte ;* 2° *accord de triton et tierce majeure ;* 3° *accord de seconde.*

Accord de septième diminuée : 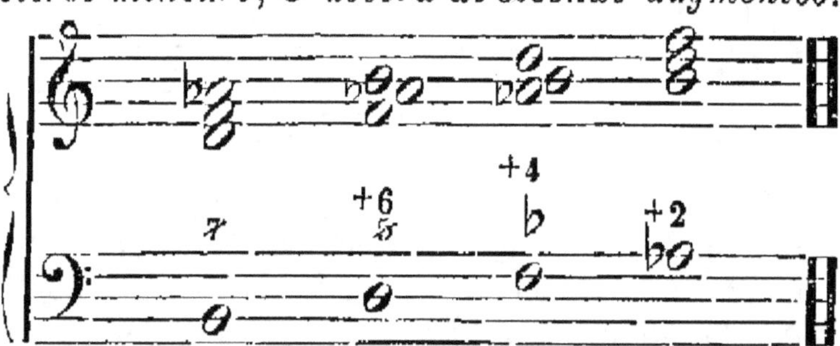

Renversements : 1° *accord de quinte diminuée avec sixte sensible ;* 2° *accord de triton avec tierce mineure ;* 3° *accord de seconde augmentée.*

l'accord de sixte sensible la croix $\left(\begin{smallmatrix}+\\4\\3\end{smallmatrix}\right)$ indique la note sensible. Un trait suivant un chiffre $\left(\begin{smallmatrix}6\\4\end{smallmatrix}\underline{}\right)$ signifie que l'accord est prolongé sur les notes de basse au-dessus desquelles se trouve le trait.

Accord de neuvième dominante

Majeur : $\frac{9}{7}+$ 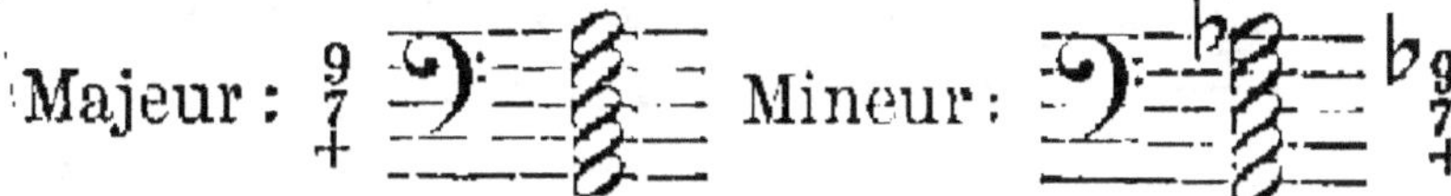 Mineur :

Ces accords sont les principaux. Il appartient aux traités spéciaux d'harmonie de donner les détails et les développements qui ne sauraient entrer dans cet abrégé.

On appelle *préparer* une dissonance faire entendre la note dissonante d'abord comme consonnance, (c'est-à-dire avec une note qui forme avec elle un intervalle consonnant) avant de la faire entendre comme dissonance, (c'est-à-dire avec une note qui forme avec elle un intervalle dissonant). Exemple :

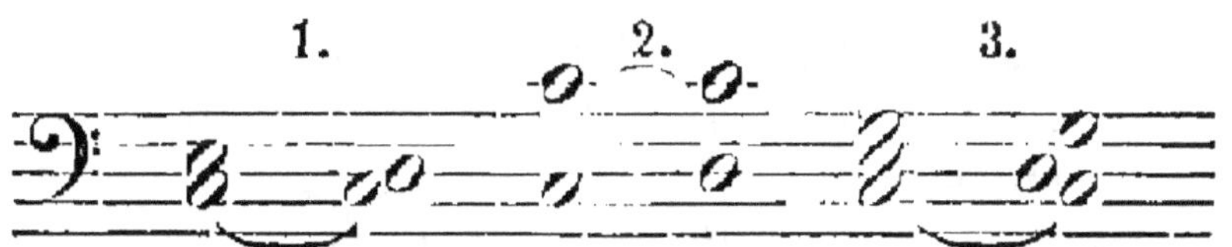

Dans l'exemple 1, *ut*, consonnance dans la tierce *ut mi*, devient dissonance dans la seconde *ut ré* ; la tierce *ut mi* est donc la préparation de la seconde *ut ré*. De même pour les autres exemples.

On appelle *résoudre* une dissonance la faire suivre d'une consonnance dans laquelle la note qui faisait dissonance est descendue d'un degré et devient consonnance. Tout accord dissonant veut être *résolu*. Exemple :

Dans l'exemple **1,** *ré* dissonance dans la seconde *ré mi,* descend à l'*ut* pour former la
tierce *ut mi, résolution* de la seconde *ré mi.*

On appelle *prolongation* une note faisant
partie d'un accord et que l'on fait durer pendant l'accord suivant. La note prolongée devient dissonante et doit être *résolue* dans l'accord où elle se trouve comme prolongation,
ou dans l'accord suivant :

EXEMPLE : 

Ut est la note prolongée, elle se résout en
descendant au *si* dans l'accord parfait de *sol.*

On appelle *retard* une note qui, dans un
accord, ne se fait entendre qu'après les autres
notes de cet accord. Le retard d'une note résulte de la prolongation d'une note d'un accord précédent sur l'accord dont fait partie la
note retardée. Exemple :

EXEMPLE :

Le *si* qui fait partie de l'accord *ré fa si,* est
retardé par suite de la prolongation de l'*ut* de
l'accord précédent.

On appelle *anticipation* une ou plusieurs notes qui, dans un accord, se font entendre avant les autres notes de cet accord.

La *substitution* d'une note dans un accord a lieu en remplaçant une des notes de cet accord par une autre. Ainsi l'accord de neuvième dominante (page 85) est produit par la substitution de la *sus-dominante* à la *dominante* dans l'accord de septième dominante (page 83) avec l'octave de la note fondamentale.

Le *sol*, octave du *sol*, dominante du ton d'*ut* et note fondamentale de l'accord de septième dominante, est remplacé par un *la* pour former l'accord de neuvième dominante.

La *cadence* (1) est la terminaison définitive ou momentanée d'une phrase musicale. La cadence *parfaite* à la tonique termine le sens musical d'une phrase ; la cadence *à la dominante* la suspend seulement.

1° *Cadence parfaite.*—La cadence parfaite est le passage de la dominante (portant accord parfait ou de septième dominante) à la tonique.

---

(1) *Cadence,* de *cadere, tomber,* parce que la cadence est, comme on va le voir, la *chûte* d'une note sur une autre note pour terminer une phrase.

Ton d'*UT*.

EXEMPLE :

La cadence *plagale* est le passage de la
sous-dominante à la tonique.

Ton d'*UT*.

EXEMPLE :

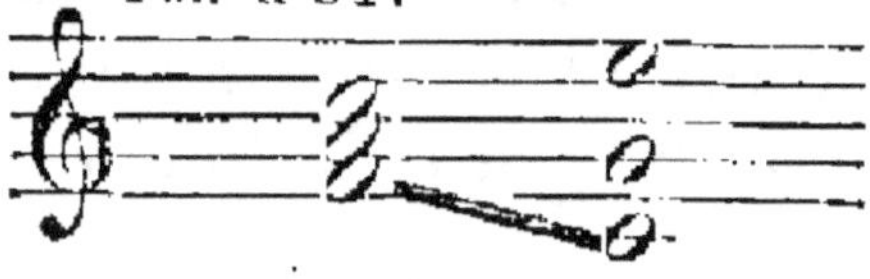

Lorsque la cadence *plagale* (1) termine un

(1) *Plagal*, nom d'un ton ou mode du plain-chant
(chant ecclésiastique de l'Église romaine), par opposition à *authentique*. Le ton est *authentique* lorsque
l'octave est divisée en deux intervalles par la *dominante*, formant une *quarte supérieure* et une *quinte*
inférieure. Exemple :  quarte . La cadence
quinte
parfaite dérive donc du *ton authentique* du plain-
chant :  . L'octave dans le ton *plagal*
est divisée par la *sous-dominante* formant une quinte
supérieure et une quarte inférieure :  quinte .
quarte
La cadence *plagale* dérive donc du tón *plagal* auquel elle a pris son nom : . *Plaga'*
vient du grec πλάγιος, qui signifie (sens figuré) : *qui
emploie des moyens obliques, qui prend des voies dé-
tournées; manière équivoque, ambiguë*. En effet, la
cadence plagale est plus équivoque, moins déterminée
que la cadence parfaite.

amorceau écrit en mode mineur par l'accord
parfait majeur on l'appelle cadence *picarde*
ou *de Picardie :*

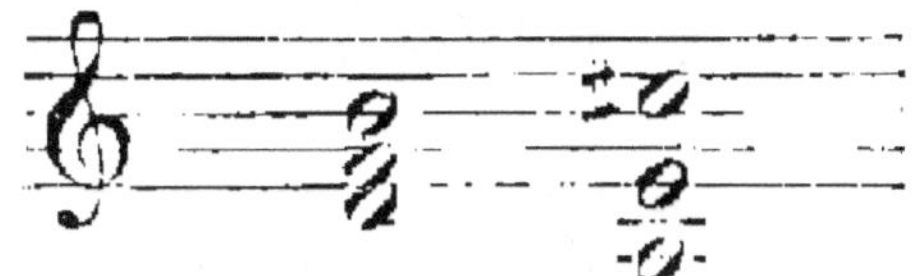

La cadence parfaite est quelquefois *rompue,*
évitée ou *interrompue.* 1° Elle est *rompue* lorsque l'accord de dominante se résout sur l'accord du ton relatif.

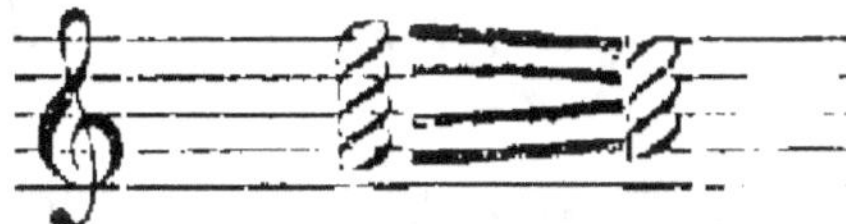

2° Elle est *évitée* lorsqu'on transforme la tonique en dominante avec l'accord de septième.

On peut faire une suite de cadences toujours évitées.

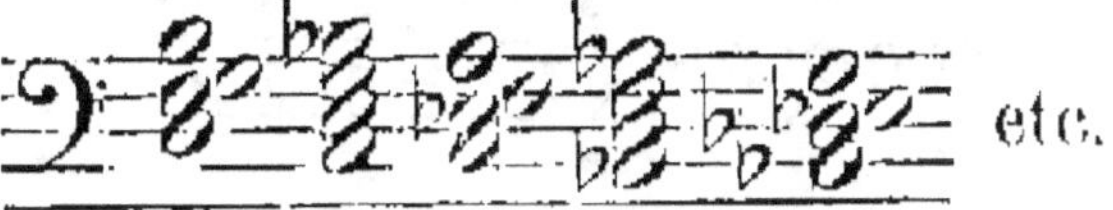

3° Elle est *interrompue* lorsque à la dominante (avec accord de septième) on fait suc-

céder, au lieu de la tonique (avec accord parfait) une note située à une tierce ou une seconde *au-dessus* ou bien à une tierce ou à une quarte *au-dessous*, dont on fait une dominante avec accord de septième.

EXEMPLE :

Ces accords A B et C sont *renversés*, c'est-à-dire que leur note fondamentale n'est pas *au grave*. C'est pourquoi nous avons placé au-dessous de chacun de ces accords leur note fondamentale.

2°. *Cadence à la dominante.* — La cadence à la dominante est le passage de la tonique à la dominante avec repos sur cette note.

EXEMPLE :

Une *progression* est un mouvement régulier d'harmonie dans une forme déterminée et prolongée.

Une *marche d'harmonie* est une progression

régulière et uniforme d'accords sur une basse donnée.

On appelle *tenue* une note prolongée pendant une succession d'un certain nombre d'accords *dont elle fait toujours partie.*

Une *pédale* est une note prolongée, comme la tenue, avec cette différence que la pédale ne fait pas partie de tous les accords qui se succèdent pendant sa durée ; elle doit cependant faire partie du premier et du dernier accord. Les pédales sont *supérieures* ou *à l'aigu* lorsqu'elles sont placées dans la partie la plus élevée ; *intérieures,* lorsqu'elles se trouvent entre les parties extrèmes ; *inférieures* ou *à la basse* lorsqu'elles sont situées dans la partie la plus grave.

La pédale supérieure ne doit pas rester étrangère à deux accords de suite, elle peut se placer à tous les degrés, ainsi que la pédale intérieure.

La pédale à la basse est la plus employée ; elle se place sur la *tonique* et sur la *dominante.* Les pédales à l'aigu et intérieures peuvent se placer sur tous les degrés, mais c'est sur la tonique et la dominante qu'on les place le plus souvent.

On se sert généralement de la pédale pour terminer un morceau.

Au moyen des modulations une pédale à la dominante peut devenir pédale à la tonique et *vice versa.*

Exemples de pédales (DOURLEN).

Pédale inférieure à la dominante.

On appelle *règle d'octave* la suite d'accords que portent les gammes majeures et mineures ascendantes et descendantes.

Règle d'octave pour la gamme majeure.

ZIMMERMANN.   Prolongation.

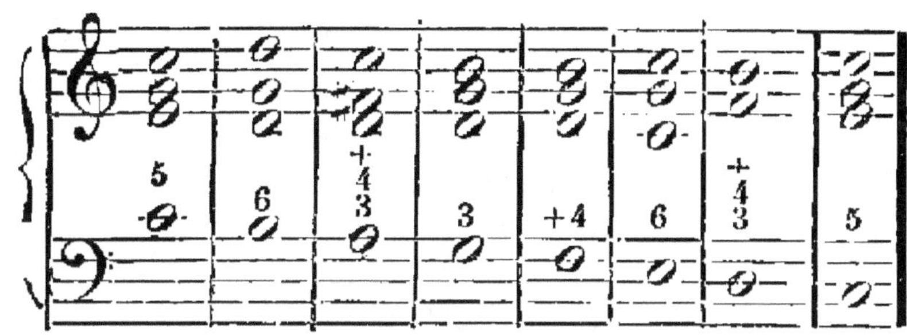

Règle d'octave pour la gamme mineure.

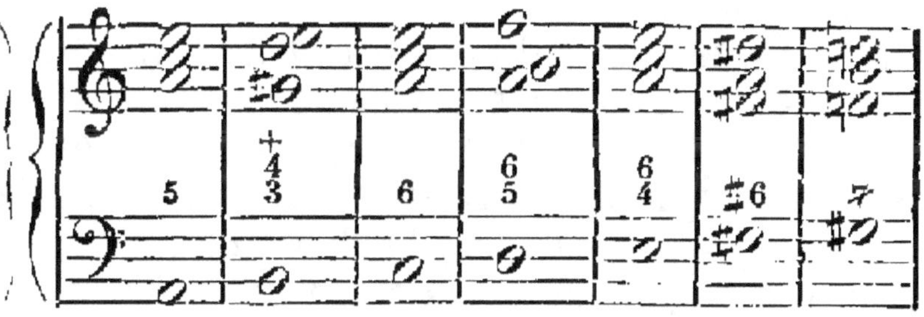

CHAPITRE VI

MOUVEMENT

Nous avons déjà étudié la *durée* sous deux aspects différents : *la mesure* et le *rhythme*, mais l'une et l'autre de ces deux manières de diviser le temps sont *proportionnelles*. En effet la mesure donne des divisions égales entre elles, appelées aussi *mesures*, divisées elles-mêmes en temps égaux entre eux, sans indiquer leur durée *absolue;* le rhythme indique la durée proportionnelle des notes et n'en indique pas non plus la durée *absolue*. Cette durée absolue est le *mouvement*.

On appelle *mouvement* le degré de rapidité ou de lenteur avec lequel ou doit exécuter un morceau.

Le mouvement n'est nullement fixé par les différentes valeurs de la notation : car la ronde peut durer de deux à douze secondes et plus, selon le morceau où elle se trouve et, par suite, changer la durée de toutes les autres valeurs. Jusqu'au commencement de ce siècle on ne se servait que de certains *mots* indiquant à peu près la lenteur ou la vitesse des morceaux. Ces mots, empruntés à l'italien (1), sont encore employés. Nous en donnons la liste plus loin. Mais depuis une cinquantaine d'années on a inventé un petit instrument appelé métronome (μέτρον, *mesure*, νόμος, *loi*) qui sert à indiquer la durée précise de chaque temps et, par conséquent, la valeur absolue de toutes les notes.

Le métronome se compose d'une boîte en bois, à la base de laquelle est fixée un balancier ayant, contrairement à celui des horloges, son poids au-dessus de son axe, ce qui produit un mouvement de va-et-vient qui fait décrire par la pointe supérieure du balancier un arc-de-cercle ainsi : ⌒ . Un mécanisme qui se remonte avec une clef entretient ce mouvement pendant un certain temps. Les oscillations de ce balancier produisent un *tic-tac* qui indique le temps précis qu'elles durent. Le poids du balancier étant mobile sur la tige, on rend ses oscillations à volonté plus ou moins rapides en faisant glisser ce poids plus ou moins près de l'axe.

Une échelle tracée, placée sur la boîte et se trouvant parallèle à la tige, lorsqu'on arrête cette tige dans sa position verticale, permet de mesurer les oscillations et de leur donner

(1) Presque toutes les indications placées dans la musique de tous les peuples sont écrites en Italien, ce qui contribue encore à rendre la langue musicale universelle, puisque le système de notation est partout le même.

l'exact degré de vitesse dont on a besoin, en plaçant le poids sur la division de la tige qui correspond au degré de l'échelle.

Les oscillations sont comptées d'après le nombre qu'il en faut pour durer une minute. Ainsi le chiffre 60, sur l'échelle, indique que chaque oscillation dure un soixantième de minute ou une seconde. Le chiffre 112 indique de même que cent douze oscillations durent une minute.

Pour indiquer le mouvement d'un morceau, on place en tête une valeur et une des divisions de l'échelle du métronome. Ainsi l'indication : $\mathbf{\rho} = 112$ signifie que la blanche vaudra un cent-douzième de minute dans ce morceau. On glisse le poids devant le chiffre 112 et les oscillations vous donnent la durée exacte de la blanche d'après cette indication.

De même : $\mathbf{\rho} = 88$ signifie que la croche vaut un quatre vingt-huitième de minute. Dans quelques métronomes un *timbre* indique le premier temps de chaque mesure, à deux, à trois ou à quatre temps.

ÉCHELLE DU MÉTRONOME.

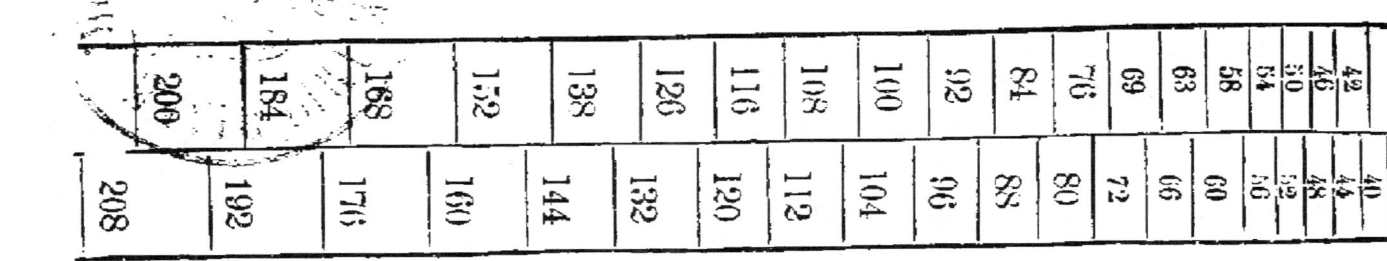

7

On appelle *battre la mesure*, en marquer les temps par des mouvements de la main, ou avec un bâton, ou encore en frappant du pied. On régularise ainsi le mouvement en égalisant les temps. On bat la mesure avec la main en solfiant ou en chantant en chœur; enfin les chefs d'orchestres ou de chœurs battent la mesure avec un bâton ou un archet pour donner de l'ensemble aux artistes et leur indiquer les *mouvements*.

Le premier temps de toute espèce de mesure est toujours marqué en *frappant*. On appelle ce mouvement un *frappé*, et le dernier, en levant, est un *levé*. Voici la direction que doit prendre la main pour les différentes espèces de mesures.

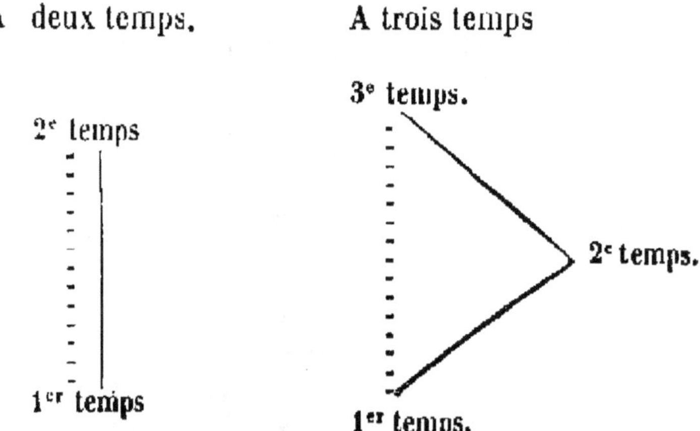

Les lignes pointillées indiquent le *frappé* ou premier temps.

A quatre temps.

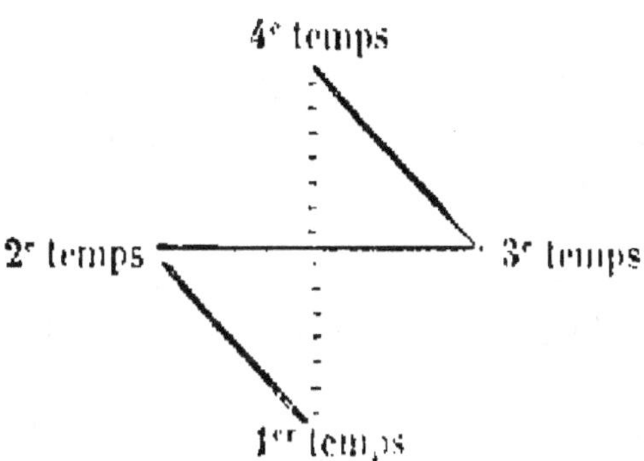

Liste des principales expressions placées au commencement des morceaux ou des parties de morceaux pour en indiquer le mouvement approximatif et le caractère.

1° — 5 indications principales :

1. LARGO,   —   —   largement.
2. ADAGIO, abréviations : *Ad°*, posément.
3. ANDANTE,   *And°*, avec aisance (mot à mot, en se promenant.
4. ALLEGRO,   *All°*, gaiement.
5. PRESTO,   *Pr°*, vite.

2° — Nuances intermédiaires (diminutifs et superlatifs.)

6. LARGHETTO (*dim.*) *Larg^tto*, moins largement que *largo.*
7. ANDANTINO, (*dim.*) *And^no*, moins lentement qu'*andante.*
8. ALLEGRETTO, (*dim.*) *All^tto*, moins vite qu'*allegro.*
9. PRESTISSIMO (*sup.*) *Prest^mo*, plus vite que *presto.*

3° — Indications particulières.

10. LENTO,	*L^{to}*,	lentement.
11. GRAVE,	*Gr^{ve}*,	gravement.
12. MODERATO,	*Mod^{to}*,	modérément.
13. MAESTOSO,	*Maest^{so}*,	majestueusement.
14. SOSTENUTO,	*Sos^{to}*,	d'une manière soutenue, d'un caractère large.
15. CANTABILE,	*Cant.*	chantant (avec lenteur et grâce.)
16. DOLCE,	*D.*	avec douceur.
17. ESPRESSIVO,	*Espr^o*,	avec expression.
18. CON ANIMA,	*Con an^a*,	avec âme.
19. CON FUOCO,	*Con f^{co}*,	avec feu.
20. AFFETTUOSO,	*Aff^{so}*,	affectueusement.
21. AMOROSO,	*Amor^o*,	avec tendresse.
22. RISOLUTO,	*Ris^{to}*,	d'une manière résolue.
23. CON BRIO,	*Con br.*	d'une manière brillante,
24. SCHERZO *ou* SCHERZANDO,	*Scherz.*	en badinant (mouvement rapide.)
25. AGITATO,	*Ag^{to}*,	avec agitation (sans régularité dans le mouv.)
26. VIVACE,	*Viv.*	vivement
27. FIERAMENTE,	*Fier^{te}*	avec fierté.
28. DELICATAMENTE,	*Del^{te}*,	avec délicatesse.
29. CON DELICATEZZA,	*Con del^{za}*,	avec délicatesse.
30. CON GRAZIA,	*Con graz.*	avec grâce.
31. GRAZIOSO,	*Graz^o*,	avec grâce.
32. ELEGANTE,	*El^{te}*,	avec élégance.

Par extension, plusieurs des expressions précédentes servent à désigner les parties de morceau dont elles indiquent le mouvement et le caractère. Ainsi on dit : *un Largo, un Andante, un Allegro*, etc.

4° — Mots ajoutés aux précédentes expressions pour les atténuer ou les augmenter.

UN POCO,	*Un p.^{co}*	un peu.
NON TROPPO,	*N. trpo,*	pas trop.
COMMODO	*Comdo,*	commodément.
MOLTO,	*Mol^o,*	beaucoup.
ASSAI,	*Ass.*	le plus possible.
QUASI,	— —	presque.

5° — Indications marquant un changement passager dans le mouvement.

RALLENTANDO,	*Rall.*	en ralentissant.
RITARDANDO,	*Rit.*	en retardant.
RITENUTO,	*Riten.*	en retenant.
CALANDO,	*Cal.*	en mourant.
ACCELERANDO,	*Accel,*	en accélérant.
STRINGENDO,	*String.*	en serrant.
PIU...		plus...
UN POCO PIU...		un peu plus...
MENO...		moins...
UN POCO MENO...		un peu moins...
POCHISSIMO...		très-peu...
NON TANTO...		pas tant ou pas si...

Enfin, lorsque après ces changements passagers le mouvement général du morceau reprend, on l'indique ainsi :

A TEMPO (1),	*A T^o,*	en mesure.
TEMPO PRIMO,	*T^o 1°*	premier mouvement.
AD LIBITUM ou *A piacere,*		à volonté.

(1) *A tempo* ou *à tempo giusto* signifie aussi : *mouvement mesuré*, ni trop vite, ni trop lent.

CHAPITRE VII

EXPRESSION. — ORNEMENTS.

L'*expression* est cette qualité par laquelle un musicien émeut l'auditoire.

Le compositeur donne de l'expression à ses œuvres en les écrivant d'une manière qui soit en rapport avec les sentiments qu'il éprouve et qu'il veut faire éprouver. Le chanteur ou l'instrumentiste donne de l'expression aux morceaux en les rendant d'une manière qui soit conforme aux intentions de l'auteur et en trouvant, par les inflexions de la voix, ou la façon d'attaquer les notes, ces accents tendres, passionnés, fiers ou douloureux par lesquels un artiste de vrai talent touche l'auditoire. L'expression *anime* donc les œuvres musicales.

Le degré de force ou de douceur qu'on donne aux sons, le *fort* et le *doux* mis en opposition avec art, et selon le caractère du morceau, de la phrase, de la note même, constituent les *nuances*, qui sont les moyens matériels de l'expression.

Beaucoup des indications citées dans le chapitre précédent ont autant de rapport avec l'expression qu'avec le mouvement. Ainsi *maestoso, grave, cantabile, con fuoco, agitato* indiquent aussi bien le caractère et l'expression qu'on doit donner au morceau que le mouvement. Mais, outre ces indications, il y a des signes et d'autres mots encore au moyen desquels les nuances particulières sont indiquées dans le courant d'un morceau.

1° — Signes.

1.  Le *coulé* indique qu'il faut *lier* pour ainsi dire les notes les unes aux autres, c'est-à-dire ne pas quitter une note avant d'avoir fait entendre la suivante.

2.  Les points placés au-dessus ou au-dessous des notes indiquent au contraire qu'il faut les *détacher*. On appelle ces notes des *notes piquées*. L'effet s'appelle *staccato*.

N. B. Le *point* selon qu'il est placé au-dessus (ou au-dessous) de la note ou bien *après*, a donc un effet très-différent. (Voy. page 27.)

3.  Ces signes indiquent le même effet que les points, mais d'une manière plus marquée.

4.  Les points surmontés du *coulé* indiquent une sorte d'effet mixte qui consiste à marquer à la fois et à détacher chaque note : c'est le *porté*.

5.  indique qu'il faut augmenter de force petit à petit.

6.  Effet contraire.

7.  veut dire qu'il faut marquer, appuyer chaque note.

2° — Mots.

1. LEGATO,	*Lié*,	même effet que la liaison.
2. STACCATO,	*Détaché*,	notes piquées.
3. PIANO,	*P*	avec douceur.
4. PIANISSIMO,	*PP*	avec beaucoup de douceur.
5. —	*PPP*	avec le plus de douceur possible.
6. CRESCENDO,	*Cresc.*	en croissant.
7. RINFORZANDO,	*rfz.*	en renforçant.
8. SFORZANDO,	*sfz.*	en forçant.
9. MEZZO FORTE,	*m.f.*	demi-fort.
10. FORTE,	*F*	fort.
11. FORTISSIMO,	*FF*	très-fort.
12. —	*FFF*	le plus fort possible.
13. DIMINUENDO,	*Dim.*	en diminuant.
14. DECRESCENDO,	*Decr.*	en décroissant.
15. SMORZANDO,	*Smorz.*	en éteignant peu-à-peu le son.
16. MORENDO,	*Mor.*	en mourant
17. PERDENDOSI,	*Perd.*	de manière à ce que le son aille en se perdant.
18. MEZZA VOCE,	*Mez. voc.*	à demi-son.
19. SOTTO VOCE.	*Sot. voc.*	à demi-son.
20. TENUTO,	*Ten.*	notes tenues.

Ornements. — Les ornements ajoutés à une mélodie sont écrits en petites notes ou indiqués par des signes de convention. La valeur de ces notes ne compte pas dans la mesure, elle est prise sur celle des notes qui reçoit l'ornement.

Ces notes d'ornements sont de plusieurs espèces.

L'appogiature (en italien *appogiatura*, de *appogiare* appuyer) est formée d'une ou de deux notes précédant une note ordinaire. Sa durée dépend du caractère du morceau et du goût de l'exécutant. Exemple:

La petite barre qui traverse le crochet indique généralement que l'appogiature doit être exécutée avec rapidité.

Le *groupe* ou *grupetto* (ital.) se compose de trois ou quatre petites notes. Il précède ou suit la note à laquelle il emprunte sa valeur. Exemple :

Le *mordant* ou *mordente* (ital.) est composé de deux petites notes précédant une note ordinaire. Il s'exécute très-rapidement, d'une manière serrée.

Le *trille* consiste à attaquer rapidement et alternativement deux notes voisines. Ex.

On commence et on termine le trille de plusieurs manières; quelquefois le compositeur en indique une et quelquefois il laisse le choix à l'exécutant.

Voici quelques exemples des plus usités.

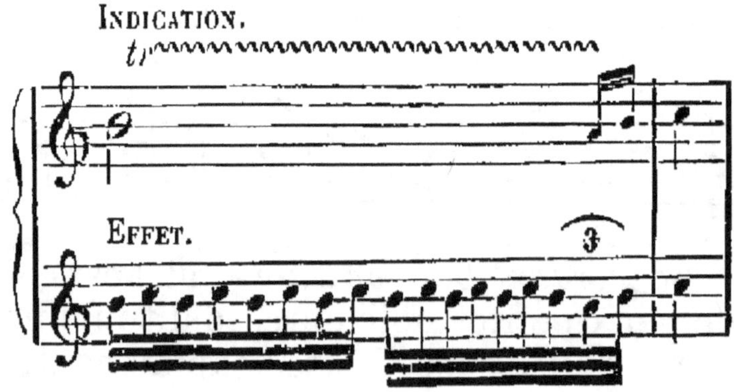

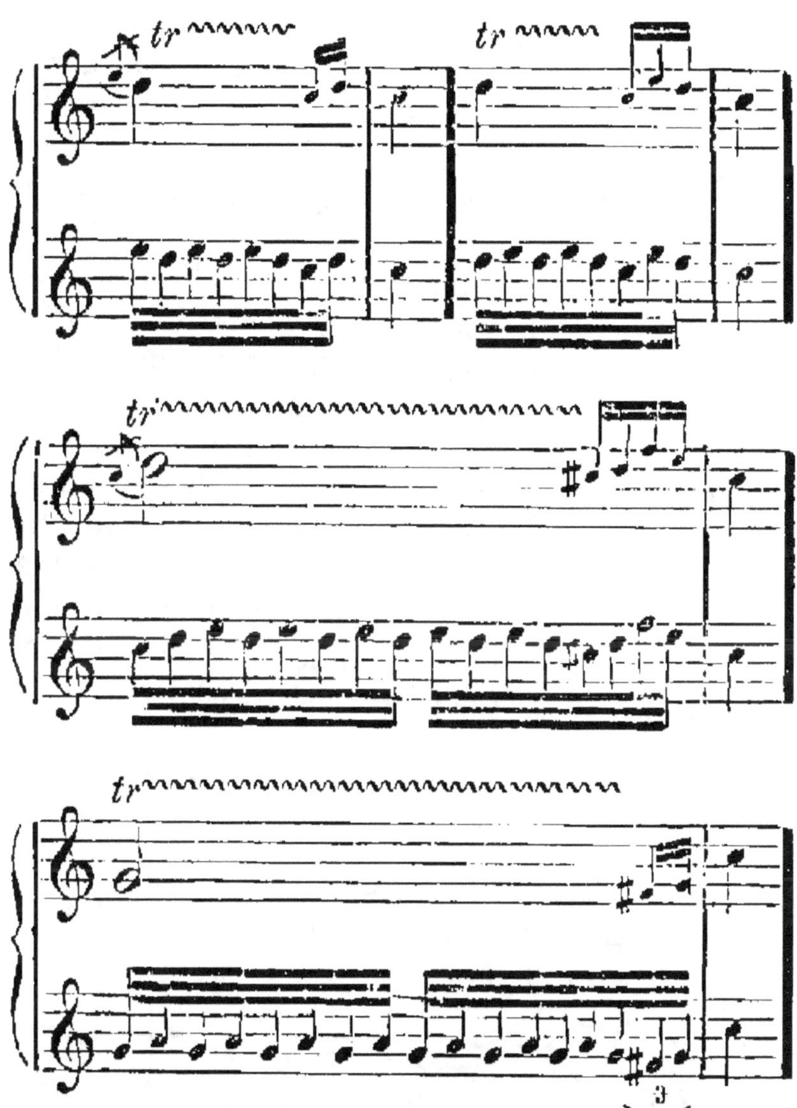

Le nombre des battements qui forment le trille n'est pas déterminé. Il se fait plus ou moins rapidement selon le caractère du morceau; mais le plus généralement il doit être fait très-vite et très-*net*. Il est souvent fort élégant, lorsque le trille est un peu long, de le commencer lentement, pour le *préparer,* d'augmenter de rapidité et de force vers le milieu, puis de finir plus lentement et plus *piano,* de manière à ce que la terminaison *ressorte* bien.

Acciacatura (ital. écrasement, broiement.) — On appelle ainsi un ornement qui consiste à frapper successivement et rapidement les notes dont se compose un accord. D'autres auteurs disent que l'acciacatura consiste à frapper dans un accord une ou plusieurs no- tes étrangères à cet accord (en les faisant entendre aussi successivement). D'autres enfin regardent l'acciacatura comme une *appogiature* précédant la note principale d'un accord et dont la valeur est très-brève.

L'acciacatura se note ainsi : 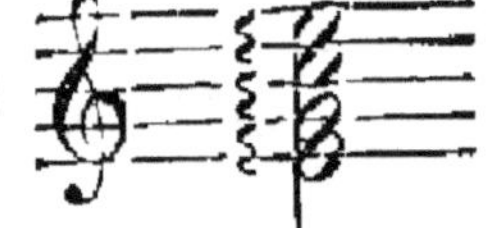

mais, à cause des différentes manières dont on l'interprète les auteurs l'indiquent sou- vent en toutes notes :

L'*arpége* (ital. *arpeggio* de *arpa,* harpe) est un ornement qui s'indique soit par la même ligne tremblée que l'acciacatura, soit par l'abréviation *arp.* placée au-dessus d'un accord.

Tantôt l'effet de l'arpége est le même que celui de l'acciacatura (exemple 1) alors il s'indique aussi par une barre (exemple 2), et tantôt il consite à faire entendre, avec régularité, en montant et en descendant, les notes d'une suite d'accords. Exemple :

Voyez les abréviations, page 29.

Arpeggio vient de harpe parce que c'est au jeu de la harpe qu'appartient plus spécialement cet ornement.

CHAPITRE VIII

TRANSPOSITION.

Transposer un chant, un morceau, c'est le faire passer d'un ton dans un autre.

Pour le chanteur la transposition est facile : après avoir choisi le ton dans lequel il veut chanter une mélodie, il trouve aisément toutes les notes dont se compose cette mélodie, car quelque soit le ton dans lequel elle est écrite, les différentes notes en seront toujours dans le même rapport avec la tonique, puisque la succession des sons de la gamme est partout la même. Mais pour l'instrumentiste la besogne est tout autre: elle est aussi difficile pour lui que facile pour le chanteur. Car les notes de l'instrument ne pouvant changer comme celles de la voix, l'exécutant est obligé de changer réellement le ton du morceau c'est-à-dire les altérations à la clef, souvent aussi les altérations accidentelles, et le doigté.

La transposition est nécessaire aux accompagnateurs lorsqu'un morceau de chant se trouve écrit trop haut ou trop bas pour la voix du chanteur qu'ils accompagnent.

On transpose en *écrivant* ou en *lisant*, à première vue. C'est la transposition en lisant qui présente les plus grandes difficultés.

1° *Transposition en écrivant*. — Pour transposer en écrivant il faut d'abord armer la clef selon que l'exige le ton dans lequel on veut faire passer le morceau écrit, puis transposer chaque note à un intervalle égal à celui qui sépare la tonique du ton écrit, de celle du ton dont on a besoin.

Supposons, par exemple, qu'on veuille baisser d'une tierce majeure le passage suivant écrit en *la* naturel majeur:

Fa naturel étant la tierce majeure inférieure de *la naturel,* c'est dans le ton de *fa naturel* majeur qu'il faut écrire ce passage :

Jusqu'ici il n'y a pas grande difficulté; mai ce sont les altérations accidentelles qui en présentent, car, en changeant de ton elles ne restent pas toujours semblables. Exemple:

Gamme chromatique écrite en *LA naturel majeur.*

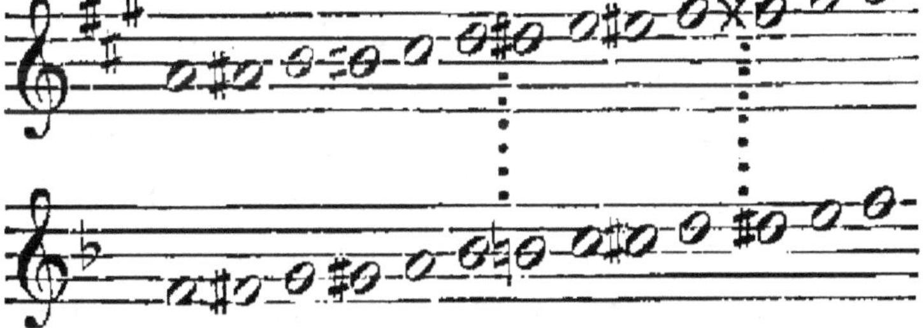

Gamme chromatique écrite en *FA naturel majeur.*

Dans cet exemple les dièses placés devant *la, si* et *mi* dans le ton écrit restent des dièses devant les notes correspondantes dans le ton de la transposition, *fa, sol* et *ut ;* tandis que le dièse placé devant *ré* devient un bécarre devant *si,* et le double-dièse devant *fa* devient un dièse devant *ré.* Ces changements sont soumis à des règles précises que nous allons exposer.

Règles pour traduire les altérations acciden-telles dans la transposition. — Plusieurs cas peuvent se présenter : 1° Transposer d'un ton qui comporte des dièses dans un ton qui comporte des dièses ; 2° d'un ton qui comporte des bémols dans un ton qui comporte des bémols ; 3° d'un ton qui comporte des dièses dans un ton qui comporte des bémols ; 4° d'un ton qui comporte des bémols dans un ton qui comporte des dièses.

1° *Transposer d'un ton qui comporte des dièses dans un ton qui comporte aussi des dièses.* — Deux cas se présentent : 1° le ton écrit armé de *plus* de dièses que le ton de la transposition ; 2° le ton écrit armé de *moins* de dièses que le ton de la transposition.

1° *Règle.* — Autant le ton de la transposition *perd* de dièses, autant de notes devant lesquelles les accidents devront être *baissés* d'un demi-ton ; ces notes se succèdent d'après l'ordre des bémols (voyez page 39) c'est-à-dire

si mi la ré sol ut fa : . Devant ces notes il faudra remplacer les ✕ par des ♯, les ♯ par des notes naturelles, les notes naturelles par des ♭ et les ♭ par des ♭♭. Devant les autres notes les accidents resteront les mêmes.

Supposons, par exemple, qu'on ait besoin de transposer un morceau, écrit en *la naturel majeur*, de l'intervalle d'un ton. Il faudra donc l'écrire en *sol naturel majeur*. Or le ton de *la* est armé de *trois dièses* et le ton ·de *sol* n'est armé que d'*un dièse*. Il y a donc deux dièses à supprimer et, par conséquent, deux notes dans le ton de la transposition, devant lesquelles les accidents, placés devant les notes correspondantes dans le ton écrit, devront être baissés d'un demi-ton *chromatique*. Ces deux notes seront donc *si* et *mi*.

EXEMPLE.

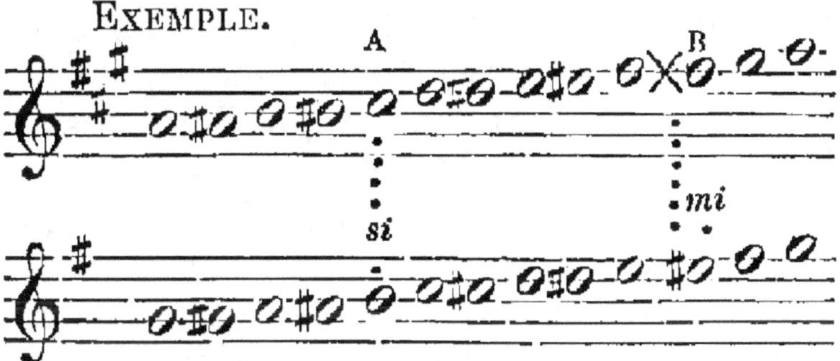

Dans cet exemple, devant *ut*, dans le ton écrit, qui devient *si* (A) dans le ton de la transposition il n'y a pas d'accident. La règle n'a donc pas lieu d'être appliquée. Mais devant *fa* (B) qui devient *mi* il y a un double-dièse; en le baissant d'un demi-ton chromatique on obtient un dièse que l'on place devant *mi* dans le ton transposé. 2° Le ton écrit armé de moins de dièses que le ton de la transposition. — *Règle.* — Autant le ton de la transposition prend de dièses *en plus*, autant de notes devant lesquelles les altérations accidentelles devront êtres *haussées* d'un demi-ton chromatique; ces notes se succédant d'après l'ordre des dièses (voyez page 39)

c'est-à-dire *fa ut sol ré la mi si* : 

Devant ces notes il faudra remplacer les ♭♭ par des ♭, les ♭ par des notes naturelles, les notes naturelles par des ♯, les ♯ par des ✕.

Supposons qu'un morceau écrit en *sol naturel* majeur soit trouvé trop bas d'un ton ; il faudra le transposer en *la naturel* majeur. Or le ton de *sol* n'est armé que d'un dièse et le ton de *la* est armé de trois dièses.

Il y a donc deux dièses à ajouter et par conséquent deux notes dans le ton de la transposition devant lesquelles les accidents, placés devant les notes correspondantes dans le ton écrit, devront être haussés d'un demi-ton chromatique. Ces deux notes seront donc *fa* et *ut*. Exemple :

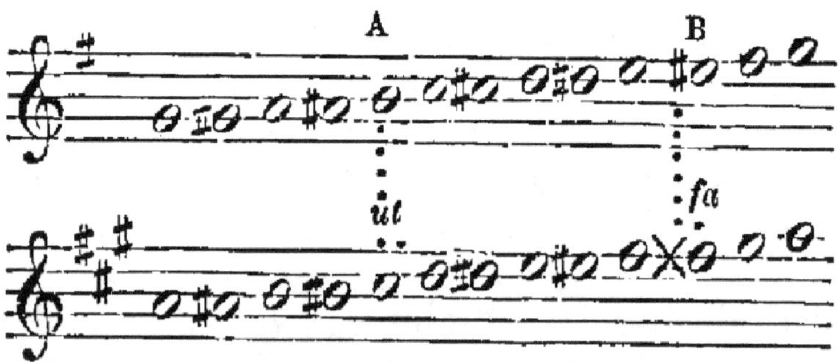

Dans cet exemple les dièses placés devant *sol la ut* et *ré* dans le ton écrit restent des dièses devant les notes correspondantes dans le ton de la transposition : *la si ré* et *mi* ; mais le dièse placé devant *mi* (B) devient un double-dièse devant *fa*. Devant *si* (A) du ton écrit il n'y a point de dièse, il n'y en aura donc pas non plus devant *ut* dans le ton transposé.

2° — D'un ton qui comporte des bémols dans un ton qui comporte aussi des bémols.

Les deux mêmes cas se présentent : 1° Le ton écrit armé de *plus* de bémols que le ton de la transposition. — *Règle.* — Autant le ton de la transposition *perd* de bémols autant de notes devant lesquelles les accidents devront être *haussés* d'un demi-ton chromatique. Ces notes se succèdent comme les dièses. Les accidents placés devant les autres notes resteront les mêmes. Exemples :

2° Le ton de la transposition armé de *plus* de bémols que le ton écrit. — *Règle.* — Autant le ton de la transposition prendra de bémols en plus, autant de notes devant lesquelles les accidents devront être *baissés* d'un demi-ton chromatique. Ces notes se succèdent comme les bémols. Les accidents placés devant les autres notes resteront les mêmes. Exemple :

3° Transposer d'un ton qui comporte des dièses dans un ton qui comporte des bémols.

1° Lorsque la somme des altérations (dièses et bémols) placées à l'armure des deux tons est *plus petite* que *huit.* — *Règle.* — Autant d'altérations *aux deux armures* (dièses et bémols) autant de notes devant lesquelles les accidents devront être *baissés* d'un demi-ton chromatique. Ces notes se succèdent comme les bémols. Les accidents placés devant les autres notes resteront les mêmes.

Supposons par exemple qu'on veuille transposer d'une tierce mineure inférieure un morceau écrit en *la* naturel, on l'écrira en *fa* naturel. Trois dièses (en *la*) plus un bémol (en *fa*) donc quatre notes devant lesquelles les accidents devront être *baissés* d'un demiton chromatique. Ces quatre notes seront, en suivant l'ordre des bémols, *si mi la* et *ré*.

EXEMPLE.

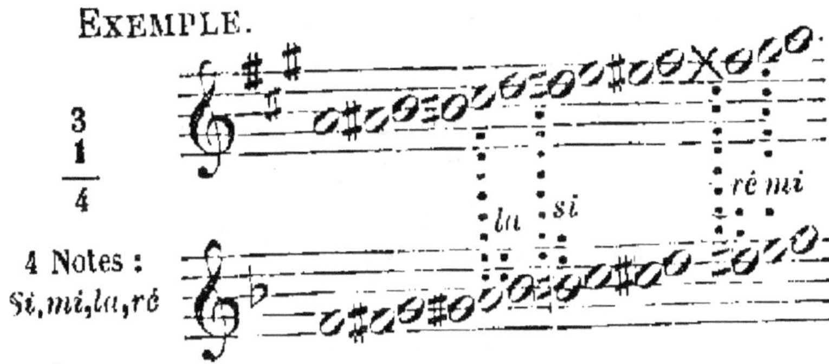

Dans cet exemple les notes *ré* et *fa* dans le ton écrit, qui deviennent SI et RÉ dans le ton transposé sont les seules des quatre notes désignées devant lesquelles se trouve un accident; devant la première *(ré)* le dièse dans le ton écrit deviendra bécarre devant le *si* du ton transposé ; et devant la seconde *(fa)* le double-dièse deviendra un dièse devant *ré.* — 2° Lorsque la somme des altérations (dièses et bémols) à l'armure des deux tons est *plus grande* que *sept.* — *Règle.* — Autant d'altérations *de plus que sept,* autant de notes devant lesquelles les accidents devront être *baissés* de *deux demi tons chromatiques.* Ces notes se succédant, d'après l'ordre des bémols. C'est-à-dire que devant ces notes on remplacera les ✕ par des ♮ et les ♮ par des ♭♭ (1).

On veut, par exemple, baisser d'un ton et demi un morceau écrit en *mi naturel majeur.*

(1) NOTA. *Jamais* dans les altérations accidentelles un dièse ni un double-dièse ne peut se changer en un bémol ni en un double-bémol et *vice-versa,* les changements n'ayant lieu que par *demi-tons chromatiques.*

On le transposera donc en *ré bémol*. Or le ton de *mi* naturel majeur est armé de quatre dièses et le ton de *ré* bémol est armé de cinq bémols. En tout neuf altérations. 9 moins 7 reste 2; par conséquent deux notes devant lesquelles les accidents seront *baissés* de *deux* demi-tons chromatiques. Ces notes, suivant l'ordre des bémols, seront donc *si* et *mi*.

Les accidents placés devant les autres notes ne seront baissés que d'un demi-ton chromatique.

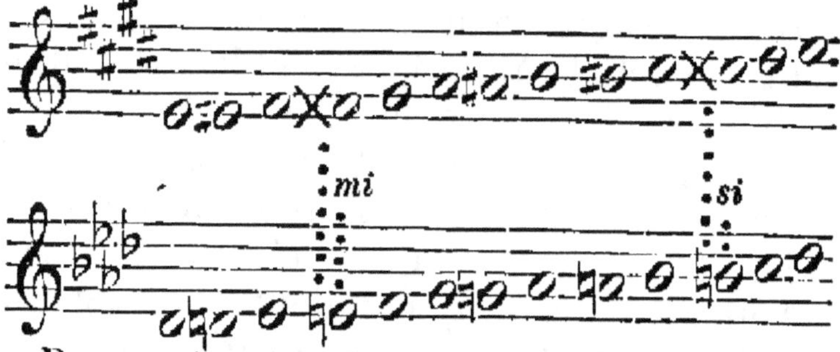

Dans cet exemple les ✕ placés devant *fa* et *ut* dans le ton écrit qui deviennent *si* et *mi* dans le ton transposé, se changent en bécarres devant ces notes. Les dièses placés devant les autres notes se changent en bécarres.

4° Transposer d'un ton qui comporte des bémols dans un ton qui comporte des dièses. — Deux cas: 1° Lorsque la somme des altérations est plus petite que *huit*. — *Règle.* — Autant d'altérations à l'armure des deux tons, autant de notes dans le ton transposé devant lesquelles les accidents devront être *haussés* d'un demi-ton chromatique. Ces notes se succédant comme les dièses. Les accidents placés devant les autres notes resteront les mêmes.

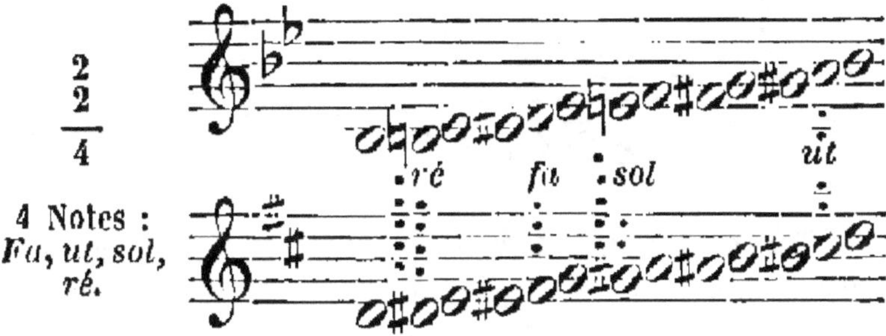

2° Lorsque la somme des altérations est plus grande que *sept*. — *Règle.* — Autant d'altérations de plus que sept autant de notes devant lesquelles les accidents devront être *haussés* de *deux* demi-tons chromatiques. Ces notes se succèdent comme les dièses. Les accidents placés devant les autres notes ne seront haussés que d'un demi-ton chromatique.

On veut baisser d'un ton un morceau écrit en *ré* bémol majeur. On l'écrira en *si* naturel majeur. Or le ton de *ré* bémol est armé de cinq bémols et celui de *si* naturel est armé de cinq dièses. En tout dix altérations : 10 moins 7 reste 3. Il y aura donc trois notes, *fa ut sol* dans le ton de la transposition devant lesquelles on remplacera les ♭♭, placés devant les notes correspondantes dans le ton écrit, par des ♮ et les ♮ par des ✕. Exemple :

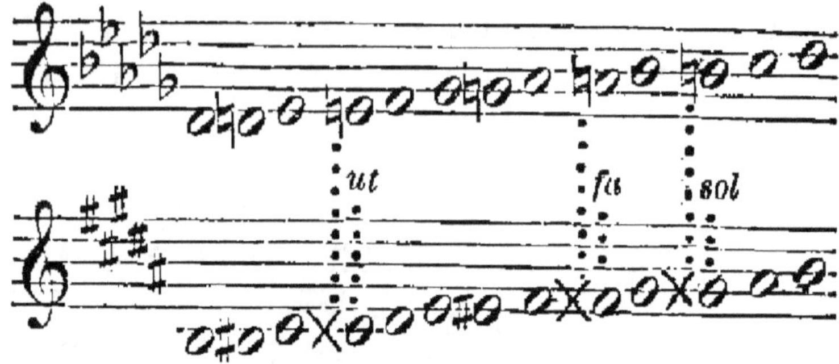

2° *Transposition en lisant*.—Pour tranposer un morceau en le lisant et en le jouant il faut *supposer* les changements que nous venons d'énumérer, mais au lieu de changer les notes de position sur la portée c'est la clef que l'on change par supposition. De cette manière toutes les notes se trouvent transposées et il n'y a plus que les altérations accidentelles à changer d'après les règles précédentes. Voici la méthode à suivre pour le travail, difficile en pratique et facile en théorie, de la transposition.

Pour trouver quelle clef il faut supposer à la place de celle du morceau qu'on veut transposer, il suffit d'en chercher une qui transpose la tonique de l'intervalle voulu *(abstraction faite* de la place qu'occupe la clef dans l'échelle musicale (voy. p. 18, Tableau des clefs).

Supposons qu'on veuille baisser d'une tierce un morceau écrit en *la sur la clef de sol*. C'est en *fa* qu'il faudra le lire. On cherchera donc une clef qui assigne au *fa* la même position

que la clef de *sol* assigne au *la*. C'est la *clef
d'ut première ligne* qui remplit cette condition.

Au moyen du changement de clef, une note
peut prendre tel nom qu'on veut sans changer
de place sur la portée, car il y a sept clefs différentes, comme nous l'avons vu.

Pour le reste du travail il faut voir par
supposition et exécuter ce qu'on ferait, en
transposant la plume à la main. Ainsi, à la
place de l'armure du ton écrit il faut supposer celle du ton dont on a besoin, puis supposer et exécuter dans les altérations accidentelles les changements prescrits par les règles
que nous avons données.

Soit à transposer à première vue à la tierce
majeure inférieure un morceau écrit en *la naturel majeur*.

Il faudra, pour l'exécuter, supposer qu'on le lit ainsi :

On voit combien ce travail est difficile et demande d'habitude pour être fait rapidement et sans hésitation.

FIN.

TABLE ALPHABÉTIQUE DES MATIÈRES.

TABLE DES CHAPITRES.